Voices of San Miguel
An Oral History

Voces de San Miguel
Una Historia Oral

Kris Rudolph

Cover Photo: *Women on the Steps of the Parroquia*, 1960. Olwyler.

Peter Olwyler's photography portrays Mexico and San Miguel de Allende during the last half of the 20th century. Between 1955 and 1999, Peter captured the special humanity of Mexican life—what he described as "...the sense of self...a stoicism, and above all, a feeling of personal dignity."

In 1955, with six hundred dollars in his pocket, Peter Olwyler and his family began an adventure that would bring them to San Miguel, where his creativity would thrive, and where he would live the rest of his life. Peter worked at the Instituto Allende as Public Relations Director, and then as an instructor of photography and writing. His iconic photos have preserved a special place and time in history.

Foto de la Portada: Mujer en los Escalones de la Parroquia, *1960. Olwyler.*

La fotografía de Peter Olwyler retrata México y San Miguel de Allende durante la segunda mitad del siglo XX. Entre 1955 y 1999, Peter capturó la singular humanidad de la vida mexicana–que él describió como "...el sentido del ser...un estoicismo y, sobre todo, un sentimiento de dignidad personal."

En 1955, con seiscientos dólares en el bolsillo, Peter Olwyler y su familia comenzaron una aventura que los conduciría a San Miguel, un lugar donde su creatividad florecería y en el que permanecería por el resto de su vida. Peter trabajó en el Instituto Allende como Director de Relaciones Públicas para luego dedicarse a ser instructor de fotografía y a escribir. Sus icónicas fotos han preservado un lugar y un tiempo especiales en la historia.

Book and Cover Design/*Diseño del Libro y Portada:* Mary Meade. Translations/*Traducciones*: Lilia Trápaga, Kris Rudolph, Laila Bárcenas Meade

Copyright ©2017. All rights reserved. No part of this publication may be reproduced stored in a retrieval system or transmitted, in any form or by any means electronic mechanical, recording or otherwise without prior permission the copyright holder.

Table of Contents | *Contenido*

Introduction | *Introducción*	2
Mercedes Arteaga Tovar	8
Candelaria Becerra Ledezma	20
Sue Beere	30
Casimira Bravo de Bowman	38
Leonard Brooks	44
Elvira Cohen Turquíe	54
Barbara Dobarganes	64
Jean Everhardt	74
María del Carmen González de García	78
Maruja González	82
Jim Hawkins	90
Erv Kaczmarek	98
Betty Kempe	104
José Luna Uribe and Berta	112
María de Jesús (Yaya) Márquez Correa	120
Lucha and Roberto Maxwell	130
Rodrigo Palma Ramirez	138
Félix Pérez Juárez	142
Soledad Ramírez Trejo	148
Silvia Samuelson	156
Lucina Sánchez González	164
Antonia Soto Guerrero	170
Raymundo Torres Badillo	176
Dotty Vidargas	182
Notas	190

Introduction

Kris Rudolph

For the past 25 years, chatting with my customers at El Buen Café, much of that time on the corner of Jesús and Cuadrante, I've had the opportunity to learn about San Miguel through the tales told by its longtime residents and native born.

I loved listening to their stories—the many people who came into my café through the years. They didn't necessarily come to talk, but to have a cup of coffee or a meal and, if the opportunity arose, I would pull up a chair and ask about their lives and encourage their stories.

Arriving here in 1987, at the age of twenty-two, I was fortunate to have experienced Mexico's old world as it edged into the new. I encountered crumbling buildings and a conservative way of life from another time. From the start, I was fascinated by the faded elegance and etiquette, the long social lunches and afternoon card games. But that was only one layer of society. In time, I discovered an enclave of expat artists and hippies, people living a bohemian lifestyle that I only knew about from books and TV. These people painted and partied and had a simple existence, sometimes mingling and intermarrying with locals.

There were also the everyday people, many of whom came to town from the farming communities to earn their living. Over the years, I stood shoulder to shoulder with some of them in my kitchen, cooking for our customers. I learned about their lives, their hardships, and those of their families. I appreciated their strength and endurance and recognized that they were true survivors. I only hope they know the depth of my admiration and respect.

Introducción

Durante los últimos veinticinco años, al conversar con mis clientes en El Buen Café, la mayoría del tiempo situado en la esquina de Jesús y Cuadrante, he tenido la oportunidad de aprender acerca de San Miguel a través de las historias contadas por los residentes de hace mucho y por los que aquí nacieron.

Me encantaba escuchar los relatos de la infinidad de personas que, a través de los años, pasaron por mi café. Muchos de ellos no venían necesariamente a platicar, sino a tomar una taza de café o a comer, pero si la oportunidad se presentaba, yo acercaba una silla y les preguntaba sobre su vida y los animaba a contarme sus historias.

Cuando llegué al pueblo en 1987 —a la edad de veintidós años—, tuve la gran fortuna de experimentar cómo el viejo México daba lugar al nuevo. Me encontré con vetustos edificios y un modo de vida conservador que eran de otra época. Desde un principio, quedé fascinada con la desdibujada elegancia y la etiqueta, los largos convivios y los juegos de cartas por las tardes. Pero ésa era sólo una de las capas de la sociedad. Con el tiempo descubrí un enclave de hippies y artistas expatriados, gente con un estilo de vida bohemio que yo solamente conocía en teoría o por la televisión. Ellos pintaban, iban de fiesta y vivían una existencia simple, a veces mezclándose y casándose con los locales.

Estaba también la gente común. Muchos venían al pueblo desde las comunidades rurales para ganarse la vida. A través de los años, yo estuve con algunos de ellos hombro con hombro en mi cocina, cocinando para nuestros clientes. Me enteré de sus vidas y de sus dificultades y las de sus familiares. Aprecié su fuerza y su aguante y reconocí que eran unos verdaderos sobrevivientes. Sólo espero que ellos sepan la profundidad de la admiración y el respeto que siento por ellos.

Día tras día, escuché las historias de este grupo tan diverso e hice preguntas tratando de hilvanar una secuencia de los eventos, lazos familiares y añejas disputas. "En San Miguel no ha vuelto a haber un pay de nuez tan bueno desde que cerró el burdel" dijo Erv Kaczmarek llevándose el tenedor a la boca. "¡Espera! ¿Cuál burdel?" pregunté, intuyendo que una nueva pieza del rompecabezas estaba a punto de revelarse.

En mis primeros tiempos, Stirling Dickinson, todavía activo a fines de sus 80's, platicaba de aquellos partidos domingueros de baseball y de

Day after day, I heard the stories from this diverse group and asked questions, attempting to weave together a timeline of events, extended family ties, and long-held feuds. "San Miguel hasn't had such good pecan pie since the whorehouse closed," Erv Kaczmarek said, lifting his fork to his mouth. "Wait! What whorehouse?" I asked, sensing another piece of the puzzle was about to be revealed.

In my early days, Stirling Dickinson, still active in his late 80s, liked to talk about playing in the old Sunday baseball games as well as his beloved orchards. Mercedes Arteaga mused nostalgically about the '60s counter-culture of travelers and artists that arrived to change her world. Peter Olwyler reminisced about teaching at the Instituto when famous painters came and went, and inspiration was everywhere.

And then there were my landladies—Carmen Gonzalez loved to relive her courtship with her husband Antonio. Her face lit up and her eyes sparkled with stories of serenading mariachis and stolen moments. Maruca de la Sota divulged the reality of small town living when one day, sipping a shot of tequila (a common practice among most of the older women I knew), she said that as a newlywed she had discovered a box of old love letters addressed to her husband. Realizing the author lived across the narrow street, she opened her window and recited them loud and clear.

El Buen Café

I had glimpses of the old parties, the ones often spoken about in this book. I can still see George McGann playing piano and everyone singing and dancing to the Big Band songs of their youth. You have to realize that when I arrived in San Miguel there wasn't much television, and only a few people even had a telephone. There was neither internet, nor many places to go. What we did have, though, was each other, and the time to talk and share our lives.

About ten years ago, after many of the "old-timers" had passed on, I began to worry about who would remember their stories. I suggested an oral history book to anyone who would listen, hoping someone would jump in and take on the task before it was too late, but I couldn't find any takers. Finally, I decided to tackle the project myself.

sus amadas orquídeas. Mercedes Arteaga hablaba con nostalgia sobre los 60's y los viajeros y artistas de la contra-cultura que llegaron a cambiar su mundo. Peter Olwyler evocaba sus experiencias como maestro del Instituto cuando había un ir y venir de pintores famosos y la inspiración flotaba en el ambiente.

El Buen Café on the corner of Jesús and Cuadrante.

Y ahí estaban mis caseras—A Carmen González le encantaba revivir el cortejo de su esposo Antonio. La cara se le iluminaba y los ojos le brillaban con historias de serenatas de mariachis y de momentos robados. Maruca de la Sota me abrió los ojos a la realidad de la vida en un pequeño pueblo cuando un día, mientras bebía a sorbos su copita de tequila (una práctica común entre la mayoría de las mujeres de edad que conocía), dijo que de recién casada había encontrado una caja con viejas cartas de amor dirigidas a su esposo. Al darse cuenta de que la autora vivía cruzando la estrecha calle, abrió su ventana y las leyó con una voz alta y clara.

Tuve atisbos de las legendarias fiestas, de aquéllas que seguido se relatan en este libro. Todavía puedo ver a George McGann tocando el piano y a todo mundo cantando y bailando al son de la música de las Grandes Bandas de su juventud. Cabe hacer notar que cuando yo llegué a San Miguel no había mucha televisión y tan sólo unos cuantos tenían teléfono. No había internet ni tampoco muchos lugares adónde ir. Pero sí nos teníamos uno a otro y el tiempo para platicar y compartir nuestras vidas.

Hace unos diez años, después de que muchos de los antiguos residentes habían fallecido, me empecé a preocupar por quién recordaría sus historias. Les sugerí un libro de historia oral a quienes quisieran escucharme, esperando que alguien se animara y realizara la tarea antes de que fuera demasiado tarde, pero no encontré a ningún voluntario. Finalmente decidí emprender el proyecto por cuenta propia.

While working on this book, I learned things that surprised me, such as how the Sunday Jardín courting ritual was segregated by class and how easily Americans and Mexicans intermingled in the first years of the G.I. Bill, especially through marriage. Just imagine the shock of locals when a large group of foreigners infiltrated their sleepy little mountain community. There could have been an unpleasant cultural clash, far worse than what actually transpired. It seems a good many *Sanmiguelenses* were open to new people, experiences, and ideas.

This book has been a long time in the making; it was tucked away on a shelf more than once. There are so many people I wish I had interviewed when I had the chance, but I did what I could, finally stopping at twenty-four, knowing this project could go on forever.

San Miguel's unusual history—its crossroads of wealth, conflict, and creativity—have created a unique world, a world unto itself that deserves recognition.

I would like to give a special thanks to Lilia Trápaga, who helped me translate and edit and was always there, eager to continue, even when I disappeared for years at a time. Jane Evans encouraged my idea from the beginning, and enthusiastically volunteered to take the first photos. Alyson McGregor and her Purple Crayon Foundation lent a helping hand when needed. Alberto Juárez came to the rescue when my brain ceased to function after hours of trying to decipher words of antiquated Spanish spoken by elderly people in the countryside. (Until then, I didn't know that one's brain could actually hurt.) Mercedes Arteaga was always around to explain San Miguel traditions and place them in context. "Voices of San Miguel" is a collection of stories about one community made possible by my community.

Kris Rudolph , May 2017

Mientras trabajaba en este libro, me enteré de cosas que me sorprendieron. Por ejemplo, cómo en el ritual del cortejo dominical en el Jardín se daba una segregación de clases. Desde que llegué a San Miguel, supe acerca de esta tradición así como del severo clasismo imperante, pero nunca entendí cómo se evidenciaba en el Jardín. También me sorprendió enterarme de lo fácil que fue para los estadounidenses y los mexicanos entremezclarse en los primeros años del *G.I. Bill*, especialmente mediante matrimonios. Basta imaginar el impacto que fue para los locales el que un—para la época—nutrido grupo de extranjeros se infiltrara en su pequeña y soñolienta comunidad de las montañas. Podría haberse dado un desagradable choque cultural y, aunque algunas entrevistas reflejan esto, pudiera haber sido peor. Al parecer, un buen número de sanmiguelenses estaban abiertos tanto a conocer gente nueva, así como a nuevas experiencias e ideas o, cuando menos, se hicieron a la idea rápidamente.

La hechura de este libro ha sido larga. Trabajé en ello cuando dispuse de tiempo extra y más de una vez lo guardé en el cajón. Hay muchas personas a las que me hubiera gustado entrevistar cuando tuve la oportunidad, pero al menos logré documentar las vidas y experiencias que pude. Finalmente, tuve que aceptar que sólo podía entrevistar a un cierto número de ellas y me detuve al completar veinticuatro, sabiendo bien que este proyecto podría prolongarse indefinidamente.

La excepcional historia de San Miguel con sus encrucijadas de riqueza, conflicto y creatividad, ha creado un mundo único, un mundo en sí mismo que merece reconocimiento.

Quisiera agradecer a Lilia Trápaga quien me ayudó a traducir y editar el libro y siempre estuvo ahí, ansiosa por continuar, aunque en ocasiones llegué a desaparecer por varios años. Jane Evans alentó mi idea desde el principio y con mucho entusiasmo se ofreció como voluntaria para tomar las primeras fotos. Alyson McGregor y su *Purple Crayon Foundation* me prestó ayuda cuando fue necesario. Alberto Juárez me ayudó cuando mi cerebro dejó de funcionar después de horas tratando de descifrar las palabras del español arcaico que hablaban los ancianos del campo. (Hasta entonces no sabía que un cerebro podía doler físicamente). Mercedes Arteaga siempre estuvo cerca para explicarme las tradiciones de San Miguel y ponerlas en contexto. "Voces de San Miguel" es una colección de historias de una comunidad hecha posible por mi comunidad.

Kris Rudolph, mayo 2017

Mercedes Arteaga Tovar

Mercedes Arteaga Tovar by Jane Evans.

Both my grandparents and great-grandparents were from San Miguel. My mother's name was Carmen. She died at the age of ninety-one. My grandmother Mama Rosa died in 1983, at the age of one hundred and six. She was a good friend and a person who influenced my life. She often spoke of her grandmother. When I heard these stories they seemed like fairytales. She told me that when Maximilliano[1] and Carlota came to San Miguel (in 1864) the people wouldn't let their carriage touch the ground; they lifted it up!

My grandmother also talked about the Revolution. She told me about the events that took place at the Ángela Peralta Theater, where she saw many famous artists singing in light operas. She also told me about the first movie theater in town and how a tent was placed in front of the Parroquia and people sat in the open air. My father, who was a movie buff, finished Mama Rosa's story by saying that he often went to see "Flash Gordon: Peril from the Planet Mongo," which was the only film that they showed at the time.

Mercedes Arteaga Tovar

Mis abuelos y bisabuelos eran de San Miguel. Mi mamá se llamaba Carmen. Ella murió a la edad de noventa y un años. Mi abuela, mi mamá Rosa, murió en 1983 cuando tenía ciento seis años. Ella fue mi gran amiga y una persona que me ha marcado la vida. Me hablaba de su abuela. Cuando me contaba estas historias parecían cuentos fantásticos. Me contaba que cuando Maximiliano[1] y Carlota vinieron a San Miguel (en 1864), la gente no dejó que la carroza pisara el suelo. Entre todos la alzaron.

También me platicaba de la Revolución. Me contaba de las funciones que tenían lugar en el Teatro Ángela Peralta, adonde venían muchos artistas de renombre a cantar las zarzuelas. Me platicaba también del primer cine que vino y que se ponía una carpa frente a la Parroquia y el público se sentaba al aire libre. Mi papá, que era cinéfilo, terminaba esta historia de mi mamá Rosa diciendo que él iba en las noches a ver "Flash Gordon: La Invasión del Mongo", que era la única película que exhibían.

Mi tía abuela Jacinta, la hermana de mi abuela, se dedicaba a planchar. Entonces las planchas de fierro se calentaban con carbón. Algunas tenían flores y figuras en su base de metal y había un modo de planchar la ropa almidonada, presionando para que quedara marcada la florecita en las prendas. Como era una planchadora muy buena, las casas ricas le daban mucho trabajo. Aunque ella no vivió en el tiempo de Maximiliano, lo había aprendido de gente que le había servido a Maximiliano.

La Revolución de Villa y Zapata fue un tiempo muy duro. Como los revolucionarios quemaban los campos y mataban a los animales, no había de dónde comer. No llegó tan fuerte a San Miguel, aunque sí hubo hambre y pérdida de trabajo. La gente le huía a la leva.

Lo que sí llegó fuerte a San Miguel fue la Cristíada.[2] Aquí fue una sede importante de los cristeros. Me decía mi mamá Rosa que ellos entraban por Santo Domingo con sus caballos y atravesaban el pueblo que estaba a oscuras.

Durante la Cristíada, se persiguió al clero y no había culto, porque los templos estaban cerrados. Los sacerdotes tenían que vivir escondidos porque si no, los mataban o los mandaban a las Islas Marías[3] o a San Juan de Ulúa.[4] Entonces, mis papás se casaron por la iglesia pero en una casa privada aquí en Hernández Macías. Eso fue en 1924 y cuando nació

My great aunt Jacinta, my grandmother's sister, dedicated herself to ironing. Back then, coal was used to heat irons. Some irons had flowers or figures in their metal base and there was a way to iron starched clothing, pressing hard so the flowers would mark the garments. Since she was good at what she did, she got a lot of work from wealthy clients. Even though she didn't live during the time of Maximiliano, she learned from the people who served him.

The Revolution of Villa and Zapata was a difficult time. There wasn't anything to eat since the revolutionaries burnt the fields and killed the animals. It didn't hit San Miguel too hard, but people lost work and were hungry. Men ran away from the draft.

What did hit San Miguel hard was the Cristíada[2] since it was an important Cristero stronghold. Mama Rosa told me that they would come down Santo Domingo on horseback and cross the town in the dark.

During the Cristíada, there wasn't a place to worship, since churches were closed and the clergy persecuted. Priests had to hide, because if they didn't, they would be killed, or sent to the Marías Islands[3] or San Juan de Ulúa.[4] My parents had a "church wedding," but it was in a private home on Hernández Macías. This was in 1924. When my sister, Tere, was born, she was baptized in this same house. They carried her in a basket, as if she were food.

My father had his special tanks for making *pulque* in San Luis de la Paz and around Querétaro and Celaya. Once, coming from San Luis de la Paz, some bandits intercepted him, claiming they were revolutionaries. They wanted money and obviously took his *pulque* away. Some threatened to hang him, putting a noose around my father's neck until the driver went to San Miguel to get money to rescue him. These were difficult times—times that also included the Spanish flu epidemic that killed so many people.

When I was a child there weren't any cars in San Miguel, so we could jump rope in the street. The town ended at El Portón.[5] There was nothing after that, only fruit orchards where people would go for walks.

The other side of San Miguel ended at the park, which wasn't a good place to live because the washbasins were there as well as a lot of poor people. That's where the last houses were, along with farms and orchards, like the Santa Elena farm and José Mojica's[6], which is now the Villa Santa Mónica.

Tere, mi hermana, la bautizaron también en esa casa y la llevaron en una canasta como si fuera comida.

Mi papá tenía tinacales para hacer el pulque en San Luis de la Paz y por los rumbos de Querétaro y Celaya. Una vez que venía de San Luis de la Paz lo interceptaron unos bandoleros que decían que eran revolucionarios. Querían dinero y obviamente le quitaron todo el pulque. Unos amenazaron con colgar a mi papá, le pusieron la soga al cuello hasta que viniera el chofer a San Miguel por dinero para rescatarlo. Fueron tiempos muy difíciles. También sufrieron la epidemia de la influenza española que mató a muchas personas.

Cuando yo era una niña casi no había coches en San Miguel y podíamos jugar a la reata en la calle. El pueblo terminaba en El Portón[5], ya no había nada más allá. De El Portón para adelante todo eran huertas y ahí la gente iba de paseo.

Después, yendo para el Parque, que no era un buen lugar para vivir, porque ahí estaban los lavaderos y había mucha gente pobre, terminaba San Miguel. Ahí estaban las últimas casas y lo demás eran granjas y huertas, como las granjas de Santa Elena y la de José Mojica[6], la actual Villa Santa Mónica.

Al poniente, San Miguel terminaba en San Juan de Dios. Era otra zona muy pobre y ahí estaba el Arroyo de las Cachinches. Era un paseo al que uno podía ir a meter los pies en el agua y ver los peces. Había una playa con piedras, arenita y el arroyo que pasaba e iba a desembocar al Río Laja. El agua era muy clara. La gente se ponía a lavar ropa. Tenía como dos metros de ancho, pero en tiempo de lluvias se convertía en río. Ahora es la Calzada de Guadalupe y cruzando están todas las colonias nuevas como la San Rafael.

Para el rumbo de Santo Domingo quedaba la última finca: la de Stirling Dickinson[7], que ya estaba fuera del pueblo. Ése era entonces el San Miguel que yo conocí de niña y se me hace muy extraño ver este pueblo de ahora. Creo que la civilización es buena pero se pierde tanto, se mata mucho de la personalidad de un lugar.

De la esquina de Insurgentes para arriba, se ponían puestos en la calle en el lado izquierdo y toda la gente de las rancherías venía a vender elotes, calabazas, zanahorias, betabeles, repollos, pollos, guajolotes, conejos. Pero era todo muy limpio, ponían sus puestos muy limpios y muy bonitos, porque todos tenían sus sombrillas blancas. Entonces podías ir y comprar

To the west, San Miguel ended at San Juan de Dios, which was another poor area. That's where the Arroyo de las Cachinches was. You could put your feet in the water and see the fish. There was a "beach" with stones and sand. The stream emptied into the Rio Laja. The water was very clear and people would go and wash their clothes. It was about two meters wide, but in the rainy season it became a river. Now, it's the Calzada de Guadalupe. When you cross over, you'll find the new neighborhoods, like San Rafael.

Heading up toward Santo Domingo was the last farm. It belonged to Stirling Dickinson[7] and was outside of San Miguel. This was the town I knew as a child and it's strange to see it now. I think growth is good, but a lot is lost. It kills the personality of the place.

From the corner of Insurgentes on up, stalls were placed on the left-hand side of the street. People from the countryside would come to sell corn, squash, carrots, beets, cabbage, chickens, turkeys, rabbits. Their stalls were clean and pretty, and covered by white umbrellas. You could go and buy *pitayas*, capulin cherries, hackberries. They also sold baskets. It was before the market and was only on Sundays. The market was in front of La Salud church and it was very beautiful. It had a lot of exquisite columns, but a mayor stole the building and took it out to his ranch.

When my father was young, before he got married, he worked at the Fábrica La Aurora[8]. One day his boss said an American had arrived in San Miguel and that since people were curious about the man, he was going to stop the machines so they could go meet him. This was a big expense for the factory, because it never stopped working—there were three shifts. The factory was the main source of employment for San Miguel.

The American was staying at the Hotel Central where the Plaza Colonial is now. When the factory employees arrived to see him, there were already a lot of people gathered, as well as the town's four police officers—they were there to make sure that no one did anything to the American. The churro and snack vendors had also arrived. It was like a fair with music and everything. A lot of people were there, stretching their neck to glimpse the American, who hadn't left the hotel yet. His train was going to leave at 1 p.m. and a little before the hour he came out wearing a hat. Since he was short and had his head down, no one got to see him.

I'm not really sure how my parents met, but I do know that my mother knew my father's family very well. My grandmother had a store in her

Public washbasins on Chorro, 1949.

pitayas, capulines, granjenos. También vendían canastas. Eso era antes del mercado y sólo lo ponían los domingos. El mercado estaba frente a la iglesia de La Salud y era bellísimo. Tenía no sé cuántas columnas preciosas y un presidente municipal se lo robó y se lo llevó a su rancho.

Cuando era joven, antes de casarse, mi papá trabajaba en la Fábrica La Aurora[8]. Un día el patrón les dijo que había llegado un americano a San Miguel y que entonces, se iban a parar las máquinas para darles permiso de que salieran a conocer al americano, porque todos tenían mucha curiosidad. Parar la fábrica era un costo enorme porque nunca dejaba de funcionar, se trabajaban tres turnos. Era la principal fuente de empleo en San Miguel.

El americano estaba hospedado en el Hotel Central que es donde está ahora Plaza Colonial. Cuando los de la fábrica llegaron a verlo, ya estaba mucha gente reunida además de los cuatro policías que había en San Miguel haciendo valla para que no le fueran a hacer algo al americano y también habían llegado los que venden churros y antojitos. Era como una feria con música y todo. Todos estaban ahí, estirando el cuello para ver al americano, que no salía del hotel. Su tren se iba a la una y antes de esa hora, salió el americano con sombrero. Entonces, como era bajito, nadie

house, where she sold everything from notebooks to fabric. Back then my father sold seeds in the market and when he passed by, my mother would see him. She was twenty-four years old when she got married. At the time, that was an old age to get married. My father was the same age. I don't know why my father chose my mother. I don't believe there was

Market on Pepe Llanos Street, 1955.

a long courtship because they were so different. My mother liked music, art, theater, and parties, and my father didn't like having friends, nor dancing, nothing of the sort. I think that if they had known each other better, they wouldn't have gotten married.

At the time, a single man lived in this house (Hidalgo #42). He was a butcher and a friend of my mother's because of the store. When my mother got married she was obviously living with her mother. She told my father that they should buy a house. Instead, he wanted to take her to live with his parents, but she refused. So she decided to talk to the man and buy this house from him.

Years later, in 1945, my parents opened Bugambilia—it was the first restaurant in San Miguel. It was located where Banamex currently is, but after a successful first year, it moved to Portal Allende 6.

lo pudo ver porque se agachó.

No sé cómo se conocieron mis papás, pero mi mamá conocía muy bien a la familia de mi papá. Había una tienda en la casa de mi abuela, en donde vendían de todo, desde cuadernos hasta telas. Entonces mi papá vendía semillas en el mercado y cuando él pasaba, mi mamá lo veía. Ella tenía venticuatro años cuando se casó. En ese tiempo era una persona ya muy mayor para casarse y mi papá tenía la misma edad. No sé cómo fue que se decidió mi papá por mi mamá. No creo que haya habido mucho cortejo entre ellos porque eran diametralmente opuestos. A mi mamá le gustaban la música, las artes, el teatro, las fiestas y a mi papá no le gustaban los amigos, ni bailar, ni nada de eso. Si se hubieran conocido más, no creo que se hubieran casado.

Aquí, en esa casa (Hidalgo #42), vivía un señor soltero, era carnicero y era amigo de mi mamá por la tienda. Cuando mi mamá se casó, ella obviamente vivía con su mamá. Le dijo a mi papá que compraran una casa. Mi papá quería llevarse a mi mamá a la casa de sus padres pero ella no se quiso ir allá y decidió hablar con ese señor y comprarle esta casa.

Años después, en 1945, mis papás abrieron Bugambilia que fue el primer restaurante de San Miguel. Estuvo en los bajos de Banamex y después de un año que fue muy exitoso, se pasó al Portal Allende 6.

Así que toda mi niñez, toda mi juventud estuve a un paso del Jardín, a un paso de todo, fue como si el Jardín fuera mi casa. Pero por otro lado fue difícil porque como que no me ubicaba.

Cuando tienes un restaurante, conoces a muchísima gente. Entonces empecé a conocer a norteamericanos de mi edad, a canadienses, franceses e hice un grupo muy agradable y estimulante. Yo creo que ahí es donde se empezó a marcar mi camino.

En 1970 abrí mi Pan y Vino. Vendía café, hacía pasteles y panes. Fue el primer y el único lugar de este tipo. Ahí se juntaban todos los extranjeros jóvenes y comían espagueti por veinte pesos y tomaban un café por tres pesos. Más que nada era como convivir, plática, tocar la guitarra, cantar, escuchar a Janis Joplin, Joan Baez y todo este grupo.

En la época de Pan y Vino, el Instituto Allende era muy reconocido. Tuvo como un boom a finales de los 60's y principios de los 70's. Entonces los certificados que daba aquí, eran muy bien reconocidos en Estados Unidos. Los estudiantes venían por tres meses para estudiar español y sus demás asignaturas, como literatura mexicana, artes gráficas y otras. Venían muchos extranjeros y excombatientes de Vietnam—la mayoría estaban muy afectados.

My entire childhood, all my youth, I was one step away from the Jardín, one step away from everything. It was like the Jardín was my home. But on the other hand, this made it difficult for me to be grounded.

When you have a restaurant, you get to know a lot of people. So, I began to meet Americans my own age as well as Canadians and people from France. I had a very pleasant and stimulating group of friends. I think that's when I began to take my own path.

In 1970, I opened Pan y Vino, my café. We sold coffee and made cakes and breads. It was the first and only place of this sort. All the young foreigners gathered there to eat spaghetti for twenty pesos and drink coffee for three pesos. More than anything, it was a place to hang out, talk, play guitar, sing, and listen to Janis Joplin, Joan Baez, and the others.

During the time of Pan y Vino, the Instituto Allende was very popular. It had a boom at the end of the '60s and beginning of the '70s, and their diplomas were well known in the States. Students came for three months to study Spanish and subjects like Mexican literature, graphic art, etc. A lot of foreigners came as well as Vietnam vets—the majority afflicted by the war.

I would get together with this group of artists and we would go to see the progress of the Presa Allende while it was being built. From a distance, we could see the dynamite explosions. It was the time of the hippie culture and I was part of that group. I felt at home with it. Obviously, Mexicans, attracted to this scene, came to San Miguel, as well as lots of people from Berkeley—professors and students.

We had a mayor—the same one that destroyed the market, who decided one day that he didn't want longhaired hippies in San Miguel. He stopped a few of them, without knowing who they were, and took them to jail and shaved their heads. They were the first. After that, he put policemen on the street corners to get ahold of all the hippies and to cut off their hair in the street.*

I had Pan y Vino until '76. I sold it because I was going to leave San Miguel for a really good job in Acapulco. Before I could leave, though, I got pregnant. I had my daughter Aisha. I'm a single mother.

During this time, living in San Miguel was very difficult for me in all aspects. Many people wouldn't speak to me, my old friends had left, and my family was ashamed. Obviously, I had to leave my mother's house. But there was someone who extended her hand in friendship—Nell

Yo me reunía con un grupo de artistas y nos íbamos a ver cómo iban los avances de la Presa Allende que en esa época se estaba construyendo. Entonces desde lejos veíamos las descargas de dinamita. Era el tiempo de la cultura hippie y yo me uní a ese grupo y me sentí muy bien en él. Obviamente llegaron mexicanos atraídos por este boom de San Miguel. También mucha gente de Berkeley—profesores y estudiantes.

Teníamos un Presidente—el mismo que mandó demoler el mercado, al que un día se le ocurrió que ya no quería greñudos en San Miguel y detuvo a unos, sin saber quiénes eran, los metió a la cárcel y los rapó. Ellos fueron los primeros y los policías se pusieron en las esquinas a agarrar a todos los greñudos y a cortarles el pelo en la calle.*

Duré con Pan y Vino hasta el '76. Lo vendí porque me iba a ir de San Miguel pues me habían ofrecido un muy buen trabajo en Acapulco. Antes de salir, me embaracé y no pude irme. Tuve a mi hija Aisha. Soy madre soltera.

En este tiempo, vivir en San Miguel fue difícil para mí en todos sentidos. Mucha gente conocida dejó de hablarme, mis antiguos amigos se habían ido, mi familia no estaba orgullosa de mí. Obviamente yo había dejado la casa de mis padres. Pero hubo una mano amiga, Nell Fernández, la dueña del Instituto, que me ofreció su cafetería para trabajarla y poder mantenerme.

Regresé a la casa cuando Aisha tenía casi un año porque mis hermanas y mi mamá (quienes eran las únicas que vivían en esta gran casa), se enfermaron. Un día que se me caía el cielo encima, vi la casa y pensé: Bueno ¿por qué no ponemos el restaurante aquí? Y fui y desperté a mi mamá, era ya noche y se lo dije. Ella dijo que no iba a funcionar y yo le pedí que por favor me diera la oportunidad.

Después de 31 años en los Portales, Bugambilia estuvo siete años más en la esquina de Reloj y Mesones. Pero era muy difícil estar rentando ahí. Así que le propuse que nos cambiáramos a esta casa. Yo le ayudaba a mi mamá pero había muchos problemas cuando nos vinimos aquí. Todas teníamos visiones diferentes y suponíamos las cosas, no las hablábamos. Cuando vino el contador para empezar el papeleo para abrir el restaurante aquí, cada quien tenía una visión diferente del negocio.

Entonces yo dije: "¿Por qué no ponemos un restaurante bien?" No porque el otro estuviera mal. Yo había aprendido a manejar este tipo de restaurantes en el Señor Plato, en donde fui gerente. Así que ya tenía ex-

Fernandez, the owner of the Instituto. She offered me her café to manage, so I could support myself.

I returned home when Aisha was a year old because my sisters and mother had gotten sick (they were the only ones still living in this big house). One day, looking around the house, I thought, "Why don't we move the restaurant here?" It was already nighttime, but I went to wake my mother and tell her. She said it wouldn't work, but I asked her to give me the opportunity to try.

After thirty-one years under the Portales, Bugambilia had spent seven more years on the corner of Reloj and Mesones. It was difficult to rent there, so we moved everything to our home on Hidalgo. I helped my mother, but there were a lot of problems when we came here. We all had different visions and we just assumed things without discussing it. So, when the accountant came to start the paperwork to open the restaurant in its new location, each one of us had a different vision for the business.

I said, "Why don't we open a real restaurant?" Not that the other was bad. I had learned to run this type of place when I was the manager of Señor Plato. I had experience. They accepted my proposal and gave me a year trial period that has turned into more than thirty.

My mother had a great palette. She was the cook at the Portales, but when we opened she was eighty-one years old. I told her that she shouldn't work anymore, only teach me her secrets. Actually, she didn't have any secrets. There was silence; there was concentration, and her desire to please people. My mother was a very religious person. She did everything in the name of God, with joy. She was a warm person and her food was full of love. Unfortunately, my mother died ten years later. Six months later, my sister also died. It hasn't been easy.

Now, I know the main ingredients for living: God, my daughter, warmth, humanity, and joy. This is enough to season life.

Author's note:
Recently, I met a tourist who said he had come to San Miguel in the '60s, but only for two days. When I delved a little deeper, he said that during his initial visit something horrible had happened—that he had been pulled off the street by police and taken to prison where they shaved his head. After they released him, and scared to death, he went straight to the bus station, and the border, vowing never to return. We had a good laugh when I assured him that he was now famous and that his story lived on.

periencia. Aceptaron mi propuesta y me dieron un año de prueba que se ha convertido en más de treinta.

Mi mamá tenía un sazón increíble. Ella fue la cocinera en los Portales pero cuando abrimos aquí ya tenía ochenta y un años y le dije que ya no trabajara, que sólo me enseñara sus secretos. Realmente no había secretos en la cocina de mi mamá. Había silencios, había mucha concentración y muchas ganas de complacer. Mi mamá fue una persona muy religiosa. Todo lo hacía en nombre de Dios, con mucha alegría. Fue una persona muy cálida y su alimento era cálido y lleno de amor. Desgraciadamente mi mamá murió diez años después y, a los seis meses, murió también mi hermana. No ha sido fácil.

Ahora sé que los ingredientes principales para vivir son: Dios, mi hija, la calidez, la humanidad y la alegría. Y eso es suficiente para sazonar la vida.

Nota de la Autora:

Recientemente conocí a un turista que me contó que había venido a San Miguel en los '60s, pero sólo por dos días. Cuando ahondé un poco más en el asunto, me dijo que en su visita inicial le había pasado algo horrible—la policía lo había detenido en la calle y lo habían rasurado en la cárcel. Cuando lo soltaron, estaba muerto de miedo y se fue derecho a la estación. Una vez en la frontera, juró nunca más volver. Nos reímos mucho cuando le aseguré que él era famoso y que su historia sobrevivía.

Mercedes Arteaga and Candelaria Becerra at Bugambilia Restaurant circa 1980.

Candelaria Becerra Ledezma

Candelaria Becerra Ledezma

Even though I'm not from here, I know the real San Miguel. No one knows it like I do.

I arrived in July of 1948, at the age of twelve, from Ojo de Agua del Refugio, a small town near San José Iturbide. I came for three weeks to visit an aunt, a cousin of my mother's. Her name was Josefina Ledezma Hernández, and her children are the owners of La Espiga bakery.

My mother didn't know what had happened to me because I didn't send her any news. So, after three months, she came to take me back home, but my aunt told her, "What are you going to do in the country with your children? There, Candelaria is going to be in the fields; here, at least, she can study."

My father had just died in Mexico City. He was a craftsman who made blankets. He wasn't a country boy; he liked to be very polished. Around 1942, he wanted to move his business to Mexico City with his looms, and take the entire family. This way, he wouldn't have to spend money

Candelaria Becerra Ledezma

Aunque no soy de aquí conozco el verdadero San Miguel. Nadie lo conoce tanto como yo.

Llegué aquí en julio de 1948, con doce años, de Ojo de Agua del Refugio, un municipio de San José Iturbide. Vine por tres semanas a visitar a una tía que era prima hermana de mi mamá. Se llamaba Josefina Ledezma Hernández y sus hijos son los dueños de la panadería La Espiga.

Mi mamá no sabía nada de mí porque yo no le mandaba noticias mías. Después de tres meses de estar aquí, vino mi mamá para llevarme de regreso, pero mi tía le dijo: "¿Qué vas a hacer al rancho con tus hijos? Allá vas a traer a Candelaria en el campo y aquí puede estudiar".

Mi papá acababa de fallecer en México. Era obrajero, hacía cobijas. Él no era un ranchero tosco, le gustaba andar muy pulido. Como en el '42, quiso poner su negocio en México, con sus telares y llevarse a toda la familia, para no estar yendo y viniendo y gastando en pasajes, pero le fue muy mal. Tan mal le fue que él murió allá. Y mis abuelos fueron por nosotros para traernos al rancho. Cuando mi tía fue a vernos se dio cuenta de lo mal que estábamos y vio la diferencia de cuando vivía mi papá. Así que mi tía es la razón por la que estamos aquí.

Así que mi tía le proporcionó a mi mamá un bote para que hiciera atole y tamales para vender. Entonces el Centro de Salud estaba donde ahora está La Terraza y al oscurecer ahí se ponía mi mamá a vender junto a las de las flores. Nosotros la acompañábamos a vender el atole y los tamales. Así fue que nos quedamos en San Miguel. Poco a poco fue trayendo, uno por uno, a mis hermanos.

Aunque mi tía me trataba bien y me daba de comer, empecé a ver que mis hermanos no comían bien. Entonces decidí ponerme a trabajar cuando tenía doce años. Mi primer trabajo fue con una señora, Lolita Caballero, que contaba muchas historias de brujas y de encantos. Yo ganaba quince pesos al mes. Mi trabajo era darles de comer a cuarenta jaulas de pájaros. Había pericos, loros y un montón de otros. Después barría y regaba las macetas y ayudaba a servir la comida que hacían.

La casa en donde vivíamos se la rentábamos a una familia Godínez. De un lado estaba muy bien la casa, que era donde mi tía tenía la panadería y del lado derecho estaba casi cayéndose. Había unos cuartos y pagábamos

he didn't have coming and going on buses, but it didn't go well. It was so bad he died there. My grandparents came and got us and brought us back home. When my aunt came to visit, she saw how hard it was for us after my father died. She's the reason we're all here now.

When my mother arrived, my aunt gave her a bucket so she could make *atole* and tamales to sell. Back then, the Health Center was where La Terraza restaurant is now. At dusk, my mother would sell her food alongside the flower vendors. We would accompany her and that's basically how we stayed in San Miguel. Little by little, one by one, she brought my brothers and sisters to town.

Even though my aunt treated me well and fed me, I noticed that my siblings didn't have enough to eat, so at the age of twelve, I decided to go to work. My first job was with a woman named Lolita Caballero. She told me a lot of stories about witches and casting spells. I earned fifteen pesos a month. My job was to feed a lot of birds, housed in forty different cages. There were parakeets, parrots, and a bunch of others. Afterwards, I would sweep, water the plants, and help serve lunch.

My family rented a house on Recreo owed by the Godínez family. One part of the house, where my aunt had the bakery, was kept up; however, the other part was falling down. There were only a few rooms and we paid ten pesos rent, so you can imagine what the place looked like. For this reason, my fifteen peso salary wasn't enough.

One day, a friend told me that Los Dragones restaurant was looking for help. It was located on the Jardín, where Galeria San Miguel is now. The owners, named Sevilla, were from Mexico City. They opened it as a high-end restaurant, but it failed and they had to close. Later, a man from Zacatecas, who worked for Hacienda, took it over with his brother, and changed the name to Los Dragones de la Reina. I didn't like the work because it was also a bar. At 1 p.m., all the employees arrived from the Presidencia. I overheard a lot of conversations I didn't like, but the owners were very good to me.

Bugambilia restaurant was around back then. People from the Posada de San Francisco and Hotel Colonial went there to get napkins, cold cuts, homemade ice cream. My boss sent me over there all the time to pick up stuff, until one day Don Gabino (Arteaga) told me that if I ever needed a job, he could use me. At the time, it was common for girls to run away with their boyfriends and that's exactly what Lupe Salgado did with Barry Bach, the boxer. When she left, I got her job.

San Miguel de Allende, 1933.

diez pesos de renta, así que imagínese cómo habrán estado. Por eso los quince pesos que me pagaban no alcanzaban.

Un día, una amiga me dijo que en el restaurante Los Dragones estaban ocupando personas. Estaba en donde está ahora la Galería San Miguel. Era de unos señores de México apellidados Sevilla. Y era un restaurante de lujo pero fracasó y lo clausuraron. Más tarde se lo traspasaron a un jefe de Hacienda que venía de Zacatecas. Él y su hermano le cambiaron el nombre a Los Dragones de la Reina. Ese trabajo no me gustaba porque era restaurante y cantina. A la una de la tarde que salían los de la Presidencia, todos iban ahí y como que hablaban cosas que a mí no me gustaban. Pero los señores fueron muy buenos conmigo.

En ese entonces ya estaba el restaurante Bugambilia. Allí iba gente de la Posada de San Francisco, del Hotel Colonial a conseguir servilletas, carnes frías, helado hecho en casa. A mí me mandaban seguido y don Gabino (Arteaga) me dijo: "Cuando necesites trabajo ven y te ocupamos." En ese entonces era muy común que las novias, las muchachas se huyeran con

I started working at Bugambilia when I was fourteen years old. I wore out my shoes because the work never stopped. We had a first class clientele and the place was always packed. I had the opportunity to meet important people like Don Pepe Ortiz, who had a farm and a bullfighting school. Because of him a lot of bullfighters came to town, and I got to meet many of them.

I started in June, on the Thursday of Corpus, but I didn't have money to buy stockings. When Don Gabino saw me in knee-highs, he told me he wouldn't accept an employee without stockings. But they cost fifteen or twenty pesos—a month's salary! I got very sad and left. Chiqui (Don Gabino's daughter) saw me, so I told her what her father had said. She said not to worry; she would give me a pair of stockings. In the meantime, she put me against the wall and drew the line that stockings always had on the back of my legs with a pen. Don Gabino had left and when he returned, I told him, trembling, that I had gotten some stockings.

Oh, what a difference! In my other job, I earned fifteen pesos a month, but here, I was earning fifteen pesos a week. In four days, my house smelled of lard, of fried food. The neighbors said how beautiful my house smelled and asked what we were eating. We could drink milk, not just eat beans and tortillas with *chile* like before. We made a bed inside a cardboard box that someone had given us to store our clothes. We unfolded it and we slept there very comfortably. We got a *petate* (a mat woven from palm fibers) to go on top of the cardboard and soon afterwards a real bed with a mattress.

I never attended school because I started to work at such a young age. I'm pleased that I learned to read and write on my own though, so I could do the guest checks at Bugambilia. I don't know how I did it. I think when you have the necessity you just do it.

When I arrived in San Miguel it was very small. What's now Colonia Guadalupe was don Luis Alvarez's orchard, so was the area of Obraje. There wasn't anything on the Salida de Querétaro after Pedro Vargas's house, only a few small, simple country homes. Going towards Celaya, San Miguel ended at the Rosas hardware store. There was an old brick oven by the Guanajuato Bridge where a few people squatted. They were given the nickname "The Turtles" because when it rained they had to run out with their suitcases, since the water would rise up and flood the oven.

Back then, people were passionate about Day of the Dead. A few days before the festivities, they would start dressing in black, as if they were

los novios y eso hizo Lupe Salgado con Barry Bach, el boxeador. Como ella dejó su lugar vacante yo fui y me ocuparon.

Comencé a trabajar en Bugambilia cuando tenía catorce años. Yo tronaba los zapatos porque no parábamos. Teníamos una clientela de primera y siempre estaba atascadísimo de gente. Ahí tuve la oportunidad de conocer a grandes personajes como don Pepe Ortiz, que tenía una ganadería y una escuela taurina aquí y por medio de él venían muchos toreros. Yo conocí a muchos en persona.

Entré en junio, un merito Jueves de Corpus. Nomás que yo no tenía dinero para comprarme medias de nylon transparente. Cuando don Gabino me vio con mis tobilleras, me dijo que no admitían empleadas sin medias. Pero costaban de quince a veinte pesos, que era lo que uno ganaba al mes. Me puse muy triste y me salí. Al pasar me vio Chiqui (su hija) y le conté lo que su papá había dicho. Ella me dijo que no me apurara, que me iba a dar unas medias. Entonces me puso contra la pared y con la pluma me dibujó la raya de las medias en las piernas. Don Gabino había salido y cuando regresó le dije temblando que ya había conseguido medias.

Pero ¡qué diferencia! En mi otro trabajo ganaba quince pesos al mes y aquí, quince pesos a la semana. A los cuatro días, mi casa ya olía a manteca, a frito. Los vecinos decían que qué bonito olía mi casa que qué estábamos comiendo. Ya tomábamos leche. No puros frijoles y tortillas con chile como antes. Hicimos nuestra cama con una caja grande de cartón que nos habían dado para guardar la ropa. La desdoblamos y ahí dormíamos muy a gusto. Ya después llegó un petate que poníamos arriba del cartón y muy pronto ya fue camita y colchón.

Yo nunca fui a la escuela porque me puse a trabajar desde muy joven. A mí me da mucho gusto haber aprendido a leer y a escribir casi por mi cuenta para hacer las comandas. No sé cómo le hice. Creo que cuando uno tiene necesidad lo hace.

Cuando llegué a San Miguel, era bien chiquito. Lo que es ahora la Colonia Guadalupe era la huerta de don Luis Álvarez. Para el rumbo del Obraje también eran huertas de ellos. Por la Salida a Querétaro, nada más hasta la casa de Pedro Vargas y había casitas como de ranchito. Y para Celaya, San Miguel terminaba en donde está la herrería Rosas. Al lado del Puente de Guanajuato había un horno de tabique en el que se metieron unos señores a vivir y les apodaron Los Tortugos porque cuando llovía, tenían que salirse volando con maletas y como podían porque el agua subía y llenaba el horno.

Candi Becerra, 1952.

in mourning. It was like a horror show. There wasn't much light (electricity) like today. There weren't any masses in the afternoon, only in the morning. People went to say the rosary and the church bells rang and rang all day long.

For Day of the Dead at Bugamilia, we put out a buffet of traditional dishes, set up like an alter, featuring *fiambre* and *chiles en nogada*. *Fiambre* is meat marinated in vinegar to symbolize bitterness, mixed with a salad of lettuce, onion, tomatoes, avocado, lemon, orange, and jicama. We would also serve cold meats, such as slices of tongue, chicken breast, pigs' feet, all with Mexican vinaigrette and decorated with pomegranate seeds. Dessert was *calabaza en tacha*—pumpkin cooked with *piloncillo* (brown sugar). We were really busy.

On Sundays and holidays, there were dances. A lot of people would go and listen to live music from a band that played in the Jardín kiosk for the families that went to Mass. Men would circle the Jardín one direction, and the women the other, so they could see each other—it was how single people met. During Lent, the Jardín was always very quiet. There was no music, no people, women didn't wear make-up, and no one went to the movies. Everyone was abstaining from everything. It was very different back then.

En ese entonces para el Día de Muertos, la gente era muy fervorosa, desde unos días antes se vestía de negro, como enlutada. Hasta parecía un cuento de terror. No había tanta luz (eléctrica) como ahora. No había misas de tarde, eran nada más en la mañana. Iba la gente al rosario y todo el día las campanas sonaban y sonaban.

Para Día de Muertos en Bugambilia poníamos como ofrenda los platos típicos que son el fiambre y los chiles en nogada. El fiambre es carne marinada en vinagre que significa las amarguras, se mezcla con una ensalada de lechuga, cebolla, jitomate, aguacate, lima, naranja, jícama. También se ponían carnes frías como rebanadas de lengua, de pechuga de pollo cocida, patitas de puerco todo en vinagreta mexicana, decorado con granada. Y de postre la calabaza en tacha. Se vendía muchísimo.

Los domingos y días festivos había bailes, muchas personas iban a oír la música de banda que tocaban en el kiosco para las familias que iban a misa. Los hombres daban la vuelta para un lado y las mujeres para el otro, para encontrarse. Pero en la Cuaresma el Jardín era muy callado. Ni había música, ni gente, ni se pintaban las muchachas, o no iban al cine. O sea que todo mundo estaba abstinente. Era muy diferente entonces.

Yo estoy muy contenta porque a los patrones les debo tener casa. No me dieron ni un centavo para comprarla, pero me llevaron con la persona que vendía los terrenos—daban a tres pesos al metro en la colonia San Antonio. Le dijeron que no tuviera miedo de darme crédito porque ellos responderían por mi deuda. Y aunque nunca hubo necesidad de molestarlos, me dieron el valor y su recomendación. Por eso es que tengo casa. No he podido guardar centavos en una cuenta porque todo se fue metiendo a la casa. Yo compré la casa en el '60 y terminé de pagarla en el '62. Mi mamá nos hacía pie de casa, también siguió haciendo tortillas para vender. Yo ya no podía pagar renta porque cuando empezaron a llegar los americanos, las rentas empezaron a subir mucho.

En los sesenta y seis años que llevo trabajando en Bugambilia, he visto cómo todos llegan y se van. La gente me pregunta cuándo voy a jubilarme, pero ¿qué haría yo con mi tiempo? A mí me encanta hablar con los turistas y contarles mis historias.

I was very happy when my employers helped me buy a house. They didn't pay for it, but they took me to the person who was selling land—they were charging three pesos a meter in San Antonio at the time. They said don't be afraid to give her credit, because we will co-sign the papers. Luckily, there was never the need to bother them, but they gave me the courage to do it. Their support is why I have a house. I was never able to save any money because everything went into the house. I bought it in '60 and finished paying in '62. My mother was still around, taking care of the house, and making tortillas to sell. I would have never been able to pay rent after the Americans arrived, since prices went up a lot.

In the sixty-six years I've worked at Bugambilia, I've seen everyone come and go. People ask me when I'm going to retire, but what would I do with my time? I like talking to tourists and telling them my stories.

Burro parking lot on calle Umaran circa 1958 by *Martha Nickerson Bolling (aka Leigh Hyams).*

Sue Beere

Sue Beere

In 1971, my husband and I, with our two children, were living in New York City. He was a radio announcer and he lost his job, but almost at the same time his grandfather died and left him a little money. Then, one day soon after this, my mother-in-law called and tried to talk us into leaving New York, saying it was too dangerous. She and her husband, Arthur Zaidenberg, were artists and they had just built a house in San Miguel. We had been to visit and loved the town, so when she told us that there was an old house we could buy and remodel on Correo, it only took us five minutes to make our decision. We immediately packed up everything and moved down.

We liked the house right away, but it did need considerable work. This took a few months and that's how we began to learn Spanish, talking to the workers. I was also studying four hours a day at the Academia. My daughter learned the language by playing with the neighbor's kids. She was fluent in a few months. Less than a year later, my husband was killed in a car accident driving back from New York.

The women I had just met in San Miguel helped me a lot. They organized a quilting bee at my house. Then, I got involved in the theater scene—play readings and full productions. I wrote some short plays and four were performed at the old theater in the Instituto and directed by my mother-in-law. Mixed in with us amateurs were some real professionals—Bob Somerlott was directing as well as Joe Gottlieb, who had been at CBS. Back then, we felt like we could do anything. I remember someone saying, "Let's do Hamlet next. I'll be Hamlet!"

A few years later, someone in the neighborhood died and I took the news to the Atención. They said they were very short-handed and told

Sue Beere

En 1971, mi esposo y yo vivíamos con nuestros dos hijos en la ciudad de Nueva York. Él era un locutor de radio y había perdido su empleo, pero casi al mismo tiempo murió su abuelo y le dejó un poco de dinero. Entonces un día, poco después de esto, llamó mi suegra para convencernos de salir de Nueva York, pues decía que era un lugar muy peligroso. Ella y su esposo, Arthur Zaidenberg, eran artistas y acababan de construir una casa en San Miguel. Nosotros habíamos estado de visita y nos encantaba el pueblo, así que cuando ella nos dijo que había una vieja casa en la calle de Correo que podíamos comprar y remodelar, sólo nos tomó cinco minutos decidirnos. De inmediato empacamos todo y nos mudamos.

Desde el primer momento nos gustó la casa, pero necesitaba mucho trabajo. Esto tardó algunos meses y así es como comenzamos a aprender español, hablando con los trabajadores. Yo también estudiaba cuatro horas diarias en la Academia. Mi hija aprendió el idioma jugando con los hijos del vecino. En unos cuantos meses lo habló con fluidez. Antes de que pasara un año, mi esposo se mató en un accidente automovilístico cuando regresaba de Nueva York.

Las mujeres que acababa de conocer en San Miguel me ayudaron mucho. Organizaron en mi casa un grupo para confeccionar colchas de parches. Entonces me involucré en actividades teatrales—tanto lecturas en atril como puestas en escena. Escribí algunas obras cortas y cuatro de ellas fueron representadas en el antiguo teatro del Instituto Allende y dirigidas por mi suegra. Al lado de nosotros los aficionados había verdaderos profesionales—Robert Somerlott dirigía, así como Joe Gottlieb que había estado en CBS. En aquel tiempo sentíamos que podíamos hacer cualquier cosa. Me acuerdo de alguien diciendo: "Hay que hacer Hamlet ¡Yo seré Hamlet!"

Algunos años después, uno de los vecinos murió y yo llevé la noticia al periódico *Atención*. Ahí me dijeron que estaban cortos de personal y que yo misma tendría que redactarla. Cuando terminé, me dieron otra historia para que la escribiera y muy pronto me encontré trabajando allí todos los días. Esto fue cuando la oficina se hallaba en la planta baja de la Biblioteca. Siempre estaba llena de gente y en invierno era muy fría. Recuerdo a Eve Green diciéndole a un empleado potencial: "… y además

me that I would have to write it up myself. When I finished, they gave me another story to write and pretty soon I was working there every day. This was when the office was downstairs in the Biblioteca. It was always crowded and so cold in the winter. I remember Eve Green saying to a prospective staff member, "and in addition to the fun and excitement of working here, you get to wear all of your sweaters at once, every day."

The paper started, I believe, in '75 with Eve and Connie Moore, who was a copywriter from New York. It began as a four page mostly expat paper, but has evolved into a seventy-two page community newspaper with a paid Mexican staff. At the time, it was an exciting place to work. People would come in with all sorts of stories—there was always a lot of material. The paper made money from day one and now makes around half the money needed to run the library.

I covered the riot in San Miguel. This was when the police found a young man who was drunk shooting out in a field and they took him in and they electrocuted him by accident—no one knows what really happened, but he died of a heart attack. The whole town protested. They set the police cars that were in front of the town hall on fire and the state police came in with canisters of gas.

There was also a bank robbery. We didn't usually cover much hard news, though, because it took ten days to print the paper. We had to type up all the stories and cut and paste them together with black and white photographs.

During this time, there was a woman in town named Augusta Irving, who ran a one-room schoolhouse for foreigners, and my daughter Valerie became her student. She wrote a contract with each child, according to what they could do, and made them stick to it. Augusta, who was married to a very handsome rancher, wrote a column every week in the Atención and did our translations. I think her great teaching helped Valerie enter college in California when she was only fifteen years old. Now she's a federal mediator.

In the '80s, driving to the border, I had a car accident and broke fifteen different bones in my body. (That's where I improved my Spanish, in the hospital in San Luis Potosí.) My recovery took a very long time. One day, while limping around my house, Peter Olwyler came with a story for the Atención—I was the editor then (as well as three other times). My daughter was visiting and pointed out what a nice man he was. She said, "He can't be your boyfriend, though, because he's too nice." After that,

Artist Martha Nickerson Bolling (aka Leigh Hyams) painted the mural in the Biblioteca children's room when she was a graduate student at Institito Allende. Photo by Peter Olwyler for LIFE magazine, 1961.

de lo divertido y emocionante que es trabajar aquí, cada día puedes usar todos tus suéteres a la vez."

Creo que el periódico empezó en '75 con Eve y Connie Moore, que era una redactora de Nueva York. Al principio era básicamente un periódico de cuatro páginas para expatriados, pero se ha convertido en un periódico comunitario de setenta y dos páginas con personal mexicano

Demonstration in the Jardín. Photo by Sue Beere, 1981.

the idea was in my head, so I called him to ask advice about buying a camera—he was about to give an intensive photography workshop. He helped me decide and invited me to take the course. We used to stay up all night in the darkroom developing our photos. We were together for eighteen years.

Peter had been working at a newspaper in Pennsylvania when he decided with his then wife to move to Mexico with their children in 1958. He wanted to get a job with a Mexican newspaper…forgetting that he didn't know Spanish. They went to Mexico City and were down to their last sixty dollars, when they decided to go home, stopping in San Miguel along the way. Peter knew the Filipino artist Romeo Tabuena, who lived in town at the time. He had met him when he was in the army and stationed in the Philippines. When he told Romeo he was looking for a job, Romeo introduced him to Nell Fernandez, who was head of the Instituto. She hired him to do publicity for the school. The salary was forty dollars a month. Then, later, she hired him as the photography instructor, which meant another forty dollars—enough for a nice house, maid, car, and a great life. His wife, Teddy, became the assistant to Carmen Masip, head

remunerado. En aquella época era un lugar muy estimulante para trabajar. Siempre había mucho material pues la gente llegaba con toda clase de historias. El periódico hizo dinero desde el primer día y ahora genera cerca de la mitad de lo que se necesita para administrar la Biblioteca.

Yo cubrí los disturbios que tuvieron lugar en San Miguel. Esto sucedió cuando la policía detuvo a un joven borracho que estaba disparando en un campo y lo electrocutaron por accidente— nadie sabe que ocurrió en realidad, pero él murió de un ataque al corazón. Todo el pueblo protestó. Quemaron las patrullas que estaban enfrente de la Presidencia y la policía estatal llegó con bombas de gas lacrimógeno.

También hubo un asalto a un banco. Generalmente no cubríamos noticias de nota roja porque la impresión del periódico tardaba diez días. Todas las historias tenían que escribirse a máquina para luego recortarlas y armar la página con fotografías en blanco y negro.

Durante este tiempo, había en el pueblo una mujer llamada Augusta Irving que era la directora de una escuela para extranjeros con un solo salón de clases. Mi hija Valerie entró a estudiar allí. Augusta escribía un contrato con cada niño de acuerdo a sus capacidades y los hacía cumplir con él. Ella estaba casada con un ranchero muy guapo, escribía cada semana para el *Atención* y hacía nuestras traducciones. Creo que sus grandes enseñanzas ayudaron a que Valerie entrara a una universidad en California cuando sólo tenía quince años. Ahora ella es mediadora federal.

En los 80's, manejando a la frontera, sufrí un accidente automovilístico y me fracturé quince huesos. (Ahí fue cuando mejoré mi español, en el hospital de San Luis Potosí.) Tardé mucho tiempo en recuperarme. Un día, mientras cojeaba por toda la casa, llegó Peter Olwyler con una historia para el Atención —en ese entonces yo era la editora (como lo fui en otras tres ocasiones). Mi hija estaba de visita y comentó lo agradable que era este hombre. Me dijo: "Pero él no puede ser tu novio porque es demasiado lindo". Después de eso la idea rondaba en mi mente así que, como él iba a dar un taller intensivo de fotografía, lo llamé para pedirle consejo sobre la compra de una cámara. Él me ayudó a decidir y me invitó a tomar el curso. Solíamos quedarnos despiertos toda la noche en el cuarto oscuro revelando nuestras fotos. Estuvimos juntos dieciocho años.

Peter había estado trabajando para un periódico en Pensilvania cuando en 1958 él y su esposa de entonces, decidieron mudarse a México con sus hijos. Él deseaba conseguir un empleo en un periódico mexicano... olvi-

of Bellas Artes. Several years later, she went back to the States and they divorced.

Peter and I joined Elena Shoemaker for the "San Miguel Follies" in 1992. Peter wrote the play, Elena the music. I did some of the lyrics. It kept us really busy for the following two years. Elena was well known for opening La Conexión (originally named La Luciernaga) in the early '80s. There was also a little café at her place on Aldama #1. Everyone seemed to pass through there. I believe she was the first to offer mailboxes to expats. Elena taught voice, piano, and flute after she sold her business. She made so many of us stars.

Through the years, I got involved in other projects. I helped out with Jóvenes Adelante, which was started by Virginia Wheelwright. It's such a simple idea—raising money to help Mexican students who have done well in high school and want to go to college. We provide mentors, English classes, workshops, and even a psychologist. I'm also involved in the San Miguel Archives Project, which is a video archive of interviews with longtime residents. We have a number of these videos on YouTube. All of these activities still keep me quite busy.

dando que no sabía nada de español. Estuvieron un tiempo en la Ciudad de México y cuando sólo les quedaban sesenta dólares, resolvieron regresar a casa parando de camino en San Miguel. Peter conocía al artista filipino Romeo Tabuena que en ese tiempo vivía en el pueblo. Se habían conocido cuando Peter estaba en la armada, destacado en Filipinas. Cuando le dijo a Romeo que buscaba trabajo, él lo presentó con Nell Fernández, que era la directora del Instituto Allende. Ella lo contrató para hacer la publicidad de la escuela. El salario era de cuarenta dólares al mes. Más tarde, fue contratado como maestro de fotografía, lo que significó otros cuarenta dólares—suficientes para una casa bonita, servicio doméstico, un coche y una gran vida. Su esposa Teddy llegó a ser la asistente de Carmen Masip, la directora de Bellas Artes. Algunos años después, ella regresó a los Estados Unidos y se divorciaron.

En 1992, Peter y yo nos juntamos con Elena Shoemaker para la puesta del espectáculo *San Miguel Follies*. Peter escribió la obra, Elena la música y yo algunas de las letras. Eso nos mantuvo bastante ocupados durante los siguientes dos años. Elena era bien conocida por haber abierto a principios de los 80's La Luciérnaga (ahora La Conexión) en Aldama #1. Ahí había también un pequeño café por el que todo mundo pasaba. Creo que ella fue la primera en ofrecer un servicio de paquetería a los expatriados. Después de vender su negocio, Elena se dedicó a dar clases de canto, piano y flauta. Ella nos lanzó a muchos de nosotros al estrellato.

A través de los años, me involucré en otros proyectos. Ayudé con Jóvenes Adelante, un proyecto iniciado por Virginia Wheelwright y basado en una idea muy simple—reunir dinero para ayudar a estudiantes mexicanos de preparatoria que tengan buenas calificaciones y quieran ir a la universidad. Nosotros les proporcionamos mentores, clases de inglés, talleres y hasta un psicólogo. También formo parte del proyecto Archivos de San Miguel, que comprende de una serie de videos sobre entrevistas a personas que han vivido por largo tiempo en esta ciudad. Hemos subido a YouTube algunos de ellos. Todas estas actividades me siguen manteniendo bastante ocupada.

Casimira Bravo de Bowman

Casimira Bravo de Bowman by Jane Evans.

I was born in the community of Puerto de Nieto, near San Miguel, in 1921. Even though we were really poor, I had a beautiful childhood. We were eleven brothers and sisters and we lived in a house with a tiled roof. Our farm animals were in the shed next door. My father worked very hard planting corn, beans, and vegetables.

I never went to school because my parents put me to work at a young age grinding corn for tortillas. The corn was ground on a *metate* (a flat stone used for grinding), because back then there weren't any mills. I spent almost my entire day grinding corn. Afterwards, we made our meal with tortillas, beans, *nopales, chile,* and *quelites.**

I came to San Miguel by myself when I was fifteen years old, because I felt bad that my mother worked so hard, and I wanted to help her. I got a job as a maid and began to earn money, which I sent back home. I liked town life because it was completely different for me. In my spare time, I did some sewing for the Zavala family—they had a sewing business.

Years later, I bought a small house on Barranca with many problems, and my parents came from the country to live with me. My mother made *atole* and *gorditas* to sell in the street, while I worked at the Hotel Arias. That's where I met my husband, Ken Bowman. It was 1945 and he had

Casimira Bravo de Bowman

Nací en el rancho de Puerto de Nieto, cerca de San Miguel, en 1921. Aunque éramos muy pobres, mi niñez fue un tiempo muy bonito. Fuimos once hermanos y vivimos en una casa de teja. Nuestros animalitos vivían en un pesebre junto a la casa. Mi papá trabajaba muy duro sembrando maíz, frijol y verdura.

Nunca fui a la escuela, porque me pusieron a trabajar desde muy chica moliendo maíz ajeno para las tortillas. Se molía el maíz en metate porque en aquel entonces no había molino. Me pasaba casi todo el día moliendo y después hacíamos la comida con tortillas, frijoles, nopales, chile y quelites.*

Me vine sola a San Miguel a los quince años porque me sentía mal de que mi mamá trabajaba tanto y quería ayudarle. Trabajé como sirvienta y empecé a ganar centavos que mandaba al rancho. Me gustó la vida del pueblo porque fue una cosa completamente diferente para mí. En los ratitos que tenía libres cosía ajeno para los Zavala. Ellos tenían un taller de costura.

Mucho después compré una casita chiquita en Barranca con muchos problemas y mis papás vinieron del rancho a vivir conmigo. Mi mamá hacía atole y gorditas que vendía en la calle, mientras yo trabajaba en el Hotel Arias. Fue allí en donde conocí a mi esposo, Ken Bowman. Era el año de 1945 y él había venido a visitar San Miguel con un amigo. Fue el tiempo en que empezaron a llegar los primeros extranjeros. Eran poquitos, la mayoría se quedaba en el Arias. Mucha gente no los quería. No los querían aquí. Ken no hablaba español y yo no hablaba inglés, pero desde un principio me sentí muy a gusto con él. Los dos aprendimos poco a poco. La gente decía que yo era una tonta por salir con él, que era un extranjero.

Ken se fue por unos meses, pero después regresó y empezó estudiar pintura en Bellas Artes en el programa del *G.I. Bill*[9]. Al año siguiente ya era maestro. Entonces comenzamos a andar más en serio, empezamos a ir a fiestecitas en la noche con sus amigos. A veces íbamos a nadar o a montar a caballo. Mi estilo de vida cambió mucho, todo fue muy diferente con él. Nos casamos en 1948 en Bahía de Banderas cuando fuimos a Puerto Vallarta. Allá vivimos un rato y Ken pintaba. Tuvimos una niña. Hubo otro bebé, pero murió a los tres días de nacido.

come down with a friend to visit San Miguel. This was when the first foreigners started to arrive. There were only a few and they all stayed at the Arias. A lot of people didn't like them. They didn't want them here. Ken didn't speak Spanish and I didn't speak English, but I felt very comfortable with him from the beginning. We learned to communicate little by little. People said I was stupid to go out with him—a foreigner.

Ken left for a few months, but returned to study painting at Bellas Artes on the G.I. Bill[9]. The following year, he became a teacher there. We began to see each other seriously then, going to small parties at night with his friends. Sometimes we went swimming or horseback riding. My lifestyle drastically changed; everything was very different with him. We got married in 1948 when we went to Bahía de Banderas during a trip to Puerto Vallarta. We lived there awhile and Ken painted. We had a baby girl. There was another baby, but it died after three days.

From there, we went to the U.S., near San Francisco, where Ken got a job working in a park. It was beautiful there. When we got on the airplane, they asked me my name and I completely forgot it, because I was so scared—it was my first time on an airplane. People were staring at me like I was a strange animal, but Ken only laughed. Once in California, we went to eat ice cream and Ken ordered me a sundae. I couldn't understand why it was so big and why it looked so strange. Just looking at it, I lost my appetite. Ken was always laughing at me, because I was so innocent about everything. It was a completely different world for me.

I didn't like using an electric stove because I burnt everything. I couldn't even boil things; it was so difficult. I was used to cooking with charcoal. I was so anxious that I couldn't do any-

Casi Bravo with her brother circa 1940.

Casi Bravo with her mother and husband Ken Bowman circa 1960.

De allí nos fuimos a los Estados Unidos, cerca de San Francisco. Ken consiguió trabajo en un parque. Era muy bonito. Cuando nos subimos al avión me preguntaron mi nombre y se me olvidó completamente por el miedo que tenía—era mi primer viaje en avión. La gente me miraba como un animal raro y Ken se moría de la risa. Una vez en California salimos a comer helado y Ken me pidió un *sundae*. No entendía por qué me daban tanto y por qué se veía tan raro. Tan sólo de verlo se me fue el hambre. Él se reía de todo lo que yo hacía, era tan inocente para todo. Era un mundo completamente diferente para mí.

Lo que no me gustó es que tuve que usar una estufa eléctrica pues todo se me quemaba. No alcanzaba ni a hervir las cosas, estaba medio difícil. Yo estaba acostumbraba usar carbón. Me daban tantas ansias de no poder hacer nada, que quería regresarme a México. En vez de eso, compramos una estufa de gas.

Como cuatro años después regresamos a San Miguel. Ken comenzó a enseñar en el Instituto y tiempo después regresó a Bellas Artes—él ayudó hacer el mural allá. A Ken le encantaba enseñar. Yo conseguí un trabajo en Casa Maxwell. También empecé a coser para la gente. Todavía coso a diario en mi tiendita del Atascadero, (donde algunas de las pinturas de Ken están todavía colgadas en las paredes). Hago camisas para vender.

Fue muy bonita la vida de casada con Ken—él se murió en 1990. Estuvimos casados cuarenta y dos años. Fuimos muy felices, muy pobres todo el tiempo, pero contentos.

thing right that I just wanted to return to Mexico. Instead, we bought a gas stove.

About four years later, we returned to San Miguel. Ken began teaching at the Instituto and then later returned to Bellas Artes—he helped paint the mural there. Ken loved teaching. I got a job at Casa Maxwell. I also took in some sewing. I still sew every day in my store (in Atascadero, where some of Ken's painting are still hanging on the walls). I make shirts to sell.

I had a beautiful life when I was married to Ken—he died in 1990. We were married forty-two years. Even though we were always poor, we were happy and content.

*The word *quelites* is used in Central Mexico to refer to a number of wild edible weeds that are an important part of the rural diet. Full of protein, minerals, and vitamins, they are also used medicinally.

Silk painting by Ken Bowman.

*La palabra quelites se usa en el Centro de México para referirse a algunas plantas silvestres comestibles. Son una parte importante de la dieta de los campesinos. Contienen mucha proteína, minerales y vitaminas y son también medicinales.

Leonard Brooks

Leonard Brooks by Jill Clark on his 99th birthday.

I was born in London in 1911. The following year my family immigrated to Toronto and my father found a job as a railroad clerk. When the war broke out, he volunteered for the Canadian Armed Forces and we returned to England. They stayed in the city, but I was farmed out to my two aunts in Bristol, in the countryside, where it was safer. I missed my parents very much, but because of their absence my aunts became a major influence in my life. They both loved art, music, and intellectual conversation. They encouraged me to draw and listen to music.

We returned to Canada when I was eight. It was a hard transition because the kids there made fun of my accent and clothing. I started keeping to myself, not wanting to be around them. Then, one of my uncles bought me a box of watercolors. I ran outside and painted a snow-covered landscape like I had seen in an art gallery, and I knew immediately that's what I wanted to do. At about the same time, my mother brought me a violin and arranged for a teacher. I had plenty to keep me busy, and music and art became my life.

Leonard Brooks

Nací en Londres en 1911. Al año siguiente mi familia emigró a Toronto y mi padre encontró un trabajo como empleado de ferrocarril. Cuando estalló la guerra, se ofreció de voluntario en las Fuerzas Armadas Canadienses y regresamos a Inglaterra. Mis padres se quedaron en la capital, pero a mí me enviaron a casa de mis dos tías, en la campiña de Bristol, donde era más seguro. Yo los extrañaba mucho pero, a causa de su ausencia, mis tías llegaron a tener una influencia decisiva en mi vida. A ambas les encantaban el arte, la música y las conversaciones intelectuales. Ellas me animaron a dibujar y a escuchar música.

Regresamos a Canadá cuando yo tenía ocho años. Fue una transición difícil porque los otros niños se burlaban de mí por mi acento y mi ropa. Yo comencé a aislarme pues no quería estar cerca de ellos. Entonces, uno de mis tíos me compró un estuche de acuarelas. Yo salí corriendo de la casa y pinté un paisaje cubierto de nieve como el que había visto en una galería y de inmediato supe que eso era lo que yo quería hacer. Por la misma época, mi madre me trajo un violín y contrató un maestro. Así que tenía bastante en qué ocuparme y la música y el arte se convirtieron en mi vida.

Empecé a pintar sin parar, enseñándome a mí mismo, hasta que terminé asistiendo a la Universidad de Arte de Ontario. Volví a Londres para presentar mi primera exposición importante en la Antigua Iglesia de Chelsea (Chelsea Old Church). Antes de cumplir los treinta ya era un miembro asociado de la Real Academia Canadiense de Artes.

En 1934 conocí a mi esposa Reva cuando ella vino a ayudarme a montar una exposición de arte. Se suponía que otra mujer iba a hacer el trabajo, pero se enfermó y Reva acudió en su lugar. Después la llamé para invitarla a salir. A ambos nos encantaba la poesía. La primera noche yo comencé a recitar un poema y ella sabía las palabras para acabarlo. Al año siguiente nos casamos. Reva salió corriendo antes de la ceremonia pues sintió pánico de lo difícil que sería casarse con un gentil. Ella era de una familia judía; sus padres habían venido de Polonia y yo era protestante. Ninguno de los dos éramos religiosos, pero en esos días eso dificultaba las cosas. Yo le dije que si ella no regresaba, la boda se cancelaría. Afortunadamente, ella regresó al edificio conmigo. Nos casamos en el departamento de un amigo. Ninguna iglesia nos hubiera admitido.

I started painting all the time, teaching myself until I ended up at the Ontario College of Art. I returned to London to do my first big show, at the Chelsea Old Church. By my late twenties I was an associate member of the Royal Canadian Academy of Arts.

I met my wife Reva in 1934 when she came to help me set up for an art show. Another woman was supposed to do the work; however, she fell ill, and Reva came in her place. I called her afterwards and asked her out. We both loved poetry. That first night, I quoted a poem and she knew the words to finish it. We got married the following year. Reva ran out before the ceremony, panicking that marrying a Gentile would be too hard. She was from a Jewish family; her parents had come over from Poland, and I was Protestant. Neither one of us was religious, but in those days it did make things difficult. I told her that if she didn't return, the wedding was off. Luckily, she walked back into the building with me. We were married in a friend's apartment. No church would have us.

When the Second World War broke out, I became a naval artist, one of only seven in the country. We were charged with portraying Canada at war. One reason they chose me was that I was comfortable painting in the cold. Having spent years doing snow scenes, I could do it well. My first year, I was stationed on ships off the coast of Scotland. Then, after visiting London during the Blitz, I asked to be transferred there and they agreed. I wanted to capture the aerial attacks, the effect of war on the everyday man. I tried to portray the gloom and destruction, sketching on the spot after the bombs were dropped. Many of those works hang in the War Museum in Ottawa.

After the war, I got a grant from the Department of Veterans Affairs to study art in Mexico for a year. I had heard about the G.I.s that were down there and thought it sounded like a great experience, so in 1947 Reva and I moved to San Miguel. She wanted to practice her photography; I wanted to paint. We ended up at the Fine Arts University, in the art program that Stirling Dickinson ran. It was a private school owned by a man named Alfredo Campanella and located where Bellas Artes is today. It was started in the '30s and offered all sorts of classes. Stirling was the person who worked out the accreditation for returning soldiers and got them to come down on the G.I. Bill.

We flew to Monterrey, and then took a train to San Miguel, disembarking at dusk. We didn't see any lights or signs of civilization, and wondered what we had gotten ourselves into. I had my painting gear and

Cuando empezó la Segunda Guerra Mundial, me convertí en un artista naval, uno de los siete que había en el país. Nos encargaron que retratáramos al Canadá en guerra. Una de las razones por las que me escogieron fue porque yo me sentía cómodo pintando en el frío. Como había pasado años representando escenas nevadas, podía hacerlo bien. En mi primer año estuve comisionado en barcos frente a las costas de Escocia, entonces, después de una visita a Londres durante el bombardeo alemán, pedí mi transferencia y la aceptaron. Yo deseaba plasmar los ataques aéreos, el efecto de la guerra sobre el hombre común. Traté de retratar la desolación y la destrucción, haciendo bocetos *in situ* inmediatamente después de los bombardeos. Muchas de esas obras se encuentran en el Museo de la Guerra en Ottawa.

Al terminar la guerra, obtuve una beca del Departamento de Asuntos de Veteranos para estudiar arte en México por un año. Yo había oído que había veteranos que estudiaban ahí y eso sonaba como una gran experiencia. Entonces, en 1947 Reva y yo nos mudamos a San Miguel. Ella quería practicar su fotografía y yo quería pintar. Terminamos por entrar a la Escuela de Bellas Artes, en el programa de arte coordinado por Stirling Dickinson. Era una escuela privada, ubicada en donde actualmente se encuentra Bellas Artes, que pertenecía a un señor llamado Alfredo Campanella. Se había inaugurado en los años 30's y ofrecía todo tipo de clases. Stirling era la persona que se encargaba de la acreditación de los soldados que regresaban de la guerra y se beneficiaban de la Ley para la Educación de Veteranos de la Segunda Guerra Mundial.

Volamos a Monterrey y de ahí tomamos un tren a San Miguel. Llegamos al anochecer y no se veían luces ni signos de civilización. Entonces nos preguntamos en qué nos habíamos metido. Yo llevaba mi violín y mis materiales para pintar y Reva su cámara. Por fortuna en ese momento llegó, retumbando por el camino, el único taxi del pueblo que manejaba un señor llamado Lino. Pasamos nuestra primera noche en el Hotel San Miguel, uno de los tres que había en el pueblo. Dejamos ahí nuestras pertenencias y caminamos como en un trance al Jardín a escuchar los mariachis. Era exactamente como lo había imaginado. A la mañana siguiente vimos calles llenas de burros y hombres con sarapes.

Rentamos nuestra primera casa por diez dólares al mes. La casa no tenía ningún servicio básico pero era espaciosa; perfecta para pintar. No había agua corriente, sólo una cisterna; tampoco electricidad, sino una lámpara de gas. Cocinábamos al aire libre, en un brasero de carbón.

violin, Reva her camera. Luckily at that moment, the town's only taxi, driven by a man named Lino, came rumbling down the road. We spent our first night at the Hotel San Miguel, one of only three in town. We put our belongings away and walked in a trance, listening to mariachis in the Jardín. It was exactly what I had thought it would be. The next morning we saw streets full of burros and men in sarapes.

We rented our first house for ten dollars a month. The house had absolutely no amenities, but the space was large—perfect for painting. There was no running water, only a cistern, no electricity, and only one gas lamp. Cooking was done over an open-air charcoal brazier. On our stipend of $100 dollars a month, we lived well, even affording a maid and gardener.

There were about one hundred students at the school. It was a great time, lots of parties, lots of inspiration, cheap alcohol. Our parties sometimes enraged the clergy, who would then print pamphlets[10] condemning the revelry.

Within six months, Stirling asked me to join the faculty. Shortly afterwards, there was a large article in *Life* magazine about the G.I.s in San Miguel and the wonderful life we were having. There was even a picture of me playing violin on a terrace. I think those were the happiest years of our lives.

Stirling recruited David Alfaro Siqueiros, the great Mexican muralist, adding him to an already incredible faculty. In addition to teaching, Siqueiros was commissioned to do a few murals in the building. He went over budget on the project, demanding more supplies and more time, which infuriated Campanella.

Siqueiros was an outspoken communist, and soon word spread that the entire faculty was like-minded. Even though it wasn't true, it caused a lot of anti-American sentiment, as well as problems at the school. Campanella and Siqueiros began a bitter feud. Eventually, the faculty got involved in defense of Siqueiros and everyone walked out in order to start a new school—La Escuela de Bellas Artes. It became part of the Mexican education system. The Canadian government acknowledged it, but the Americans did not. Campanella wanted pay back, so he got the U.S. embassy to block accreditation of our new school. Without the G.I.s, we struggled to get students.

In 1950, I was deported, along with Stirling, Reva, and other foreigners working at Bellas Artes. The Mexican government said we didn't have

Como nuestra asignación era de cien dólares mensuales vivíamos bien, hasta nos alcanzaba para pagar una empleada doméstica y un jardinero.

En la escuela había cerca de cien estudiantes. Fue una época maravillosa, de mucha fiesta, mucha inspiración y alcohol barato. A veces nuestras fiestas encolerizaban tanto a los curas que imprimían panfletos[10] condenando las juergas.

A los seis meses, Stirling me pidió que fuera parte del profesorado. Poco después apareció un artículo en la revista *Life* sobre los veteranos que estudiaban en San Miguel y la espléndida vida que teníamos. Salió incluso una fotografía mía tocando el violín en una terraza. Creo que ésos fueron los años más felices de nuestra vida.

Stirling contrató a David Alfaro Siqueiros, el gran muralista mexicano y lo incorporó al ya increíble grupo de profesores. Además de enseñar, Siqueiros fue comisionado para pintar algunos murales en el edificio. Él no se sujetó al presupuesto del proyecto, exigiendo más materiales y más tiempo, lo que enfureció a Campanella.

Siqueiros era abiertamente comunista y pronto se corrió la voz de que todo el profesorado pensaba de esta manera. Aunque no era cierto, causó mucha reacción anti-estadounidense, así como problemas en la escuela. Campanella y Siqueiros comenzaron un amargo enfrentamiento. Eventualmente los profesores se pusieron del lado de Siqueiros y se salieron en bloque para crear una nueva escuela—La Escuela de Bellas Artes. Ésta se volvió parte del sistema educativo mexicano. El gobierno canadiense la reconoció, pero el estadounidense no. Campanella quería desquitarse y logró que la embajada de los Estados Unidos vetara la acreditación de nuestra nueva escuela. Sin los estudiantes veteranos, había que batallar mucho para conseguir alumnos.

En 1950 fui deportado junto con Stirling, Reva y otros extranjeros que trabajaban en Bellas Artes. El gobierno mexicano dijo que nuestras visas no eran adecuadas y nos mandó a Laredo con una escolta armada. Sabíamos que Campanella había tenido algo que ver con esto. Después de diez angustiosos días, se nos permitió regresar, pero sólo porque yo había contactado al General Ignacio Beteta. Una vez él me pidió consejo sobre pintura y por suerte se lo di. Unas llamadas suyas bastaron para que se resolviera el asunto.

Ninguno de nosotros quería salir de México. Yo regresé con Reva y dejé atrás lo ocurrido, pero Stirling llegó hasta Washington para presentar cargos por haber sido expulsados por "comportamiento comunista".

the right visas and sent us to Laredo with an armed escort. We knew Campanella must have had something to do with it. After ten very stressful days, we were allowed back in, but only after I contacted General Ignacio Beteta. He once asked me for painting advice and luckily, I gave it to him. He made a few phone calls and the issue was solved.

None of us wanted to leave Mexico. I returned with Reva, putting it behind me, but Stirling went all the way to Washington to address the charges of us being expelled for "communist behavior." At least, this is what the New York Times wrote when they featured us in an article. Once again, we were back in the papers, but now the story wasn't so nice. When things settled down, we went back to work; however, Bellas Artes soon closed due to lack of enrollment.

The Instituto Allende opened around the same time. Stirling switched over along with all the art teachers, but I decided not to join them. Instead, I painted and lined up shows in the U.S. and Canada. Reva curtailed her own work to help with my career. She had become a respected photographer by then. A photo of hers, of a dead Mexican child, was sold to the Museum of Modern Art in New York City. Later, the San Francisco Museum of Art listed her as one of the top fifty women photographers in history. I never knew how depressed Reva was about not pursuing her own career until almost the end of her life. She chose to help me instead, but never let on that it was a sacrifice.

I began writing to supplement our income. It led to a book on watercolor technique for advanced painters. It sold well, so I did a few others focusing on painting and collage. When the government reopened Bellas Artes, Mexico's minister of culture asked me to start a music department. I agreed, letting them know I wasn't a professional. I had played violin my entire life, sometimes with the Guanajuato Symphony. In my spare time, I was giving music lessons to local children, kids I pulled from the street, trying to keep them out of trouble. The biggest problem was finding them instruments. I'd go to the pawnshops in Canada and buy whatever I could find and bring them back. This is how the Hermanos Aguascalientes started, all the boys at my house. When I became the music director, the cultural minister sent me a bunch of instruments, along with a Steinway piano. Oh boy, that was a luxury at the time.

Reva and I had the most marvelous life, being in San Miguel, meeting great friends. There are still interesting people living here, but the artistic scene has become too commercial. Anyone can come down, paint a

Art teachers awaiting deportation at San Miguel's train station, 1950. Courtesy of Don Patterson.

Cuando menos, eso es lo que decía el New York Times en un artículo que habían escrito sobre nosotros. Una vez más aparecíamos en el periódico, pero esta vez la historia no era tan agradable. Cuando las cosas se calmaron, regresamos a trabajar; sin embargo, al poco tiempo cerró Bellas Artes debido a la falta de inscripciones.

Por esas fechas se inauguró el Instituto Allende. Stirling se pasó allí con todos los maestros de arte, pero yo decidí no unírmeles. En vez de eso, me puse a pintar y programé exposiciones en los Estados Unidos y Canadá. Reva limitó su propio trabajo para ayudarme en mi carrera. Para entonces, ella había llegado a ser en una respetada fotógrafa. Una de sus fotos, la de un niño mexicano muerto, se había vendido en el Museo de Arte Moderno de la Ciudad de Nueva York. Más tarde, el Museo de Arte de San Francisco la incluyó en la lista de las cincuenta fotógrafas más reconocidas de la historia. Nunca me di cuenta de lo deprimida que estaba Reva por no haberse dedicado por completo a su propia carrera hasta casi el final de su vida. Ella escogió ayudarme, pero nunca me hizo sentir que hacía un sacrificio.

Leonard Brooks teaching the now-famous Hermanos Aguascalientes, 1960s.

few things, and call himself an "artist."

I enjoy thinking about all the wonderful moments given to me. Every day I have now (at 99) is a wonderful day. Blessings for all.

Para aumentar nuestro ingreso, comencé a escribir. Esto se tradujo en un libro para pintores avanzados sobre la técnica de la acuarela. Como se vendió bien, escribí algunos otros enfocados hacia la pintura y el collage. Cuando el gobierno reabrió Bellas Artes, el Secretario de Cultura de México me pidió que creara un departamento de música. Yo accedí, informándoles que no era un profesional. Toda mi vida había tocado el violín, a veces con la Sinfónica de Guanajuato. En mi tiempo libre les daba clases de música a niños del pueblo que apartaba de las calles, tratando de evitar que se metieran en líos. El mayor problema era conseguirles instrumentos. Cuando iba a Canadá, recorría las casas de empeño y compraba lo que podía encontrar para traerlo de regreso. Así es como comenzó el grupo de Los Hermanos Aguascalientes, con todos los muchachos en mi casa. Cuando me nombraron director de música, el Secretario de Cultura me mandó un montón de instrumentos, junto con un piano *Steinway*. ¡Era un verdadero lujo para aquel entonces!

En San Miguel, Reva y yo tuvimos una vida de lo más maravillosa y conocimos amigos entrañables. Todavía hay gente interesante que vive aquí, pero el ambiente artístico se ha vuelto muy comercial. Cualquiera puede venir, pintar unas cuantas cosas y considerarse "artista".

Yo disfruto pensando en todos los espléndidos momentos que se me ha dado vivir. Cada día que pasa (ahora a mis noventa y nueve años) es un día maravilloso. Bendiciones para todos.

Elvira Cohen Turquíe

Elvira Cohen, 1951.

I was born in 1934 in this very room (in Reloj 18), which belonged to my parents. Back then, people didn't go to hospitals—women had their babies at home, and I, like the majority of my siblings, was born here.

My parents came from Damascus, from Syria, and even though they were neighbors over there, they had never met. My father came to Mexico in 1921 and my mother in 1925. They came looking for opportunity, because in Damascus there wasn't any. This was the time when people started talking about Mexico, actually more about America, and how well you could live there.

My parents first arrived to Mexico City. My mother was seventeen years old and came with her father. She met my father there, got married and came to San Miguel because they were looking for a small place where they could establish themselves, and my mother preferred this town over all the others.

Elvira Cohen Turquie

Nací en 1934 en esta misma habitación (en Reloj #18), que era la de mis padres. En aquel entonces no se usaba ir a sanatorios. Las señoras tenían sus bebés en casa y yo, como la mayoría de mis hermanos, nací aquí.

Mis papás vinieron de la ciudad de Damasco en Siria y aunque eran vecinos, nunca se conocieron allá. Mi padre vino a México en 1921 y mi madre en 1925. Venían en busca de oportunidades porque allá en Damasco había muchas necesidades. Ésa fue la época en que la gente empezó a hablar de México, en realidad más bien de América, y de lo bien que se podía vivir allá.

Mis padres llegaron primero a la Ciudad de México. Mi madre tenía diecisiete años y vino con su papá. Allí conoció a mi padre, se casaron y vinieron a vivir a San Miguel porque buscaban un lugar pequeño para establecerse y a mi mamá le gustó este pueblo más que ningún otro.

Mis padres llegaron en 1927, durante la Guerra de los Cristeros. En este tiempo, mis papás en lo personal, nunca tuvieron problemas. Mi mamá me platicaba que una noche oyó muchos balazos. Entonces le preguntó a mi papá qué pasaba y él para no asustarla le dijo que eran cohetes. Pero al día siguiente cuando salió, había hombres colgados en los árboles del Jardín. Para ella, una niña de dieciocho años fuera de su país, fue algo muy impresionante, aunque nunca mencionó que hubiera tenido miedo.

Mi mamá no conocía el idioma entonces. Fue muy difícil para ella. Sabía francés y eso le ayudó un poco a entender, pero con el tiempo, ella llegó a hablar español correctamente. Había una familia libanesa que hablaba árabe, igual que ellos, así que se hicieron amigos. Mi padre siempre habló español, pero con errores. Él trabajaba y hacía todo perfectamente, pero nunca lo aprendió bien.

Cuando mis padres vinieron a San Miguel, llegaron a donde estaba la Casa Canal (o Starbucks ahora), que era una casa de huéspedes. Allí vivieron un año. Mi papá vendía ropa de puerta en puerta. Luego se cambiaron a otra casa en la calle de San Francisco. Ellos vivían arriba y pusieron la tienda abajo. En 1930, se cambiaron aquí (a Reloj). Seis años después mi papá compró la casa cuando era solamente la planta baja y le añadió un segundo piso y más tarde la fachada, en 1942. Puso la tienda adentro y siguió vendiendo ropa.

My parents arrived in '27 during the Cristero War. Personally, they never had any problems, but my mother told me that one night she heard gunshots and asked my father what was going on. So she wouldn't be frightened, he said that they were just firecrackers. The next day, however, when she went out, there were men hanging in the trees of the Jardín. For her, at eighteen and away from home, this was a big deal, even though she never mentioned that she had been scared.

My mother didn't know the language back then. It was very difficult for her. She knew French and that helped her understand a little, but with time she began to speak correct Spanish. There was a Lebanese family here that spoke Arabic, like them, and they became friends. My father always spoke Spanish, but with mistakes. He worked and did everything perfectly, but he never learned the language properly.

When my parents came to San Miguel, they arrived where Casa Canal (or Starbucks) is now. It was a boarding house. They lived there for one year. My father sold clothes door to door. Later, they moved to another house on San Francisco. They lived upstairs and put in a store downstairs. In 1930, they moved here (to Reloj). Six years later, my father bought the house. It was only one story and he built the rest, adding on a second floor and façade in 1942. He put the store in and continued selling clothes.

We were ten brothers and sisters and our life in San Miguel was very tranquil. I remember by six or seven years old that I went to school alone. Now, you never see a child alone. As a little girl, I began to work in the store. We all got into selling. For us, it was fun to attend to a client or help with whatever was needed.

The memory I hold most dear of my childhood are the *fiestas*. They were so beautiful, like the parade on the 15th of September. Back then, almost all the girls had *China Poblana** dresses and even if we weren't in the parade, we would still dress up and walk around the Jardín. This was the custom. We all went to the *Grito de la Independencia*. We were only a few people, so there wasn't a lot of disorder or drunkenness. We only had two dances a year: *La Fiesta de San Miguel* and *El Sábado de la Gloria*, when really good orchestras came in from Mexico City.

Our family was the first Jewish family here, but we never had any problems because of this. For many years, we were the only Jews. We practiced our religion just at home. On the most important days, like Rosh Hashana and Yom Kippur, we closed the store and spent the entire day praying. My brother David's Bar Mitzvah took place here.

Fuimos diez hermanos y nuestra vida en San Miguel era muy tranquila. Yo me acuerdo que de seis ó siete años, yo iba sola a la escuela. Ahorita no ves a un niño que ande solo. Desde chiquita empecé a trabajar en la tienda. Todos nos metíamos a vender. Para nosotros era divertido que mi papá nos dejara atender a un cliente o ayudar en lo que fuera.

Facade of Casa Cohen with its Star of David.

El recuerdo que más me gusta de mi niñez son las fiestas. Eran muy bonitas. Como el desfile del 15 de septiembre. Sólo había gente de San Miguel. En aquel entonces casi todas las muchachas teníamos trajes de china poblana* y las que no desfilábamos, igual salíamos a dar la vuelta al Jardín vestidas de china poblana. Ésa era la costumbre. Todas íbamos al Grito de la Independencia. Éramos poca gente, no había tanto disturbio, tanta borrachera. Teníamos dos bailes al año solamente que eran el de la fiesta de San Miguel y el Sábado de Gloria. Venían muy buenas orquestas de la Ciudad de México.

La nuestra fue la primera familia judía. Nunca tuvimos problemas por eso. Por muchos años fuimos los únicos judíos. Practicábamos la religión solamente en la casa. En las festividades más importantes como el Rosh Hashaná y el Yom Kippur, cerrábamos la tienda y nos pasábamos todo el día rezando. Aquí fue el Bar Mitzvah de mi hermano, David.

San Miguel era un lugar que dependía exclusivamente de la gente de los ranchos que venía los domingos a hacer sus compras. A mi papá le empezaron a pedir clavos, tornillos, un azadón, un machete. Entonces comenzó con la ferretería y poco a poco dejó la ropa. Mi padre murió

The Volcán hardware store, 1980. Photo by Sue Beere.

Back then, San Miguel was a place that depended exclusively on the people from the country coming in on Sundays to do their shopping. When they began asking my father for nails, screws, hoes, machetes, he opened a hardware store and little by little left the clothing business behind. My father died in 1953 and David started running the business. He was only nineteen years old.

When I was a girl we never suffered for lack of water or electricity. There was only one car that belonged to a man named Lino. He would go to the train station to pick up the newspapers and mail. Here, on this street, all the children played together—we jumped rope, played marbles. And since there were no cars, not only on this street, but also on all the streets, you would see children playing everywhere.

The way I met my husband was very funny. He lived in Martínez de la Torre, Veracruz, in the northern part of the state. There was a man who traveled that knew my husband's family as well as my father and mother.

en 1953 y David se quedó al frente del negocio. Él sólo tenía diecinueve años.

Cuando yo era niña nunca sufrimos por falta de agua o de luz. Había sólo un coche de un señor que se llamaba Lino que era el que iba a la Estación a recoger los periódicos y la correspondencia. Aquí en esta calle todos los niños jugábamos juntos. Brincábamos la reata, jugábamos a las canicas. Y como no había coches, no sólo en esta calle, sino en todas las calles de San Miguel veías niños jugando por todos lados.

La manera en que conocí a mi esposo fue muy chistosa. Él vivía en Martínez de la Torre, Veracruz, al norte del estado. Y había un señor que viajaba y que conocía a la familia de mi esposo, lo mismo que a mis papás. Cada vez que venía a San Miguel, le decía a mi mamá: "En Martínez de la Torre vive un muchacho que me gusta para alguna de tus hijas". Cuando iba a Martínez les decía a mis suegros: "En San Miguel hay una muchacha que me gusta para uno de tus hijos". Tanto estuvo este señor llevando y trayendo, que una vez que mi suegra estaba en México se puso en contacto con una tía mía que era amiga suya y ambas vinieron a San Miguel a conocerme.

Me casé a los veinticuatro años. Yo había tenido algunos pretendientes, pero mis papás jamás habrían aceptado que me casara con alguien de otra religión. A lo mejor eso influyó en mi mente para que yo nunca pretendiera llegar a formalizar las relaciones.

Cuando me casé viví en Martínez siete años y luego me vine acá a San Miguel a vivir con mi esposo. De que lo conocí a que me casé fueron dos meses. El amor crece a través del tiempo. Al principio fue afinidad de caracteres. Él es judío y mis hijos también. Su familia también vino de Damasco. No hubiera podido tener mejor marido que el que tengo. Tenemos una familia preciosa. Tengo dos hijos, seis nietos y ya dos bisnietos.

Los americanos empezaron a llegar aquí como en el '46 o en el '47. Entonces empezó a haber un poquito de movimiento y se fue dando el cambio pues ya no dependíamos tanto de la gente de las rancherías. O sea que anteriormente, si no había buenas cosechas, no había ventas porque la gente no tenía dinero para comprar. Pero cuando llegaron los norteamericanos, fue cambiando San Miguel al aspecto turístico. Al principio fueron pocos, luego más abundantes y empezaron a comprar casas y se quedaron a residir. Y así se dio el cambio total.

Each time he came to San Miguel he would tell my mother, "In Martínez de la Torre there's a boy who I would like for one of your daughters." When he went to Martínez, he would tell my mother-in-law, "In San Miguel, there's a girl I would like for one of your sons." This man came and went enough that one time when my mother-in-law was in Mexico City, she contacted an aunt of mine, who was also her friend, and they came to San Miguel to meet me.

I got married when I was twenty-four years old. I had had some suitors before that, but my parents would have never accepted that I married someone from another religion. Maybe this is why I never formalized the other relationships.

When I got married, I lived in Martínez for seven years and then came back to San Miguel to live with my husband. It was two months from the moment I met him until I got married. Love develops through time. At the beginning, it was about affinity of characters. My husband is Jewish, as well as my children. His family also came from Damascus. I couldn't have had a better husband. We have a precious family—two children, six grandchildren, and now, two great-grandchildren.

The Americans started to arrive here in '46 or '47. That's when there began to be some activity and things began to change to where we didn't depend so much on the people from the countryside. Before, if the harvest wasn't good, there were no sales because people didn't have money to buy things. But when the Americans came, San Miguel changed, at least in the aspect of tourism. At the beginning, there were only a few of them, then more arrived and they began to buy houses and reside here. Now, it's totally different.

In 1970, our foundry opened and then in '85, we left the hardware business. We were the first ones to do this type of work. The foundry originally opened in Mexico City when another brother married there, and it consisted of only lemon and orange juicers. Then, there came a point in time when the business couldn't sustain itself, so my brother David brought it here to continue making the juicers. At the time, he was also selling bronze skulls that he bought wholesale. He started to think, "Why am I buying them, if I can make them?" David opened another foundry in Dallas in the '80s, which one of our other brothers manages.

I still come to work every day. I think this is what keeps people going. I'm planning to retire when I sell the house. I'm trying to sell it with

En 1970 inició nuestra fundición y en 1985 dejamos la ferretería. Nosotros fuimos los primeros en hacer este tipo de trabajo. La fundición comenzó cuando uno de mis hermanos se casó en la Ciudad de México y la puso allá. Solamente se hacían exprimidores de limón y de naranja. Llegó un momento en que ya no se podía sostener y entonces mi hermano David la trajo para acá para seguir haciendo los exprimidores, pero como él también vendía calaveras de bronce que compraba al mayoreo, se preguntó por qué las compraba si las podía hacer. Poco a poco fue haciendo más cosas. En los 80s, David abrió otro taller en Dallas que maneja otro hermano.

Elvira Cohen with her husband Carlos on their 52nd anniversary, 2010.

Yo sigo viniendo a trabajar todos los días. Creo que eso es lo que mantiene bien a la gente. Pienso jubilarme cuando venda la casa. Estoy tratando de venderla con el negocio, con el taller, con todo. Si la vendo me voy a vivir a México con mis hijos que se fueron allá a estudiar la preparatoria a una escuela judía. Ya se casaron y formaron su familia.

En realidad la pasábamos muy bien. Yo nunca me quise ir a México como mis hermanos. San Miguel es un lugar privilegiado.

Nota de la Autora:

La Casa Cohen sí se vendió y ahora es un hotel de lujo y patio de comidas, con su Estrella de David todavía intacta sobre la fachada.

*La china poblana es el nombre del que se considera el traje típico de las mujeres en el Estado de Puebla—consta de blusa y falda relucientemente bordada y rebozo. La china poblana es producto del siglo XIX.

the business, the factory, with everything. If I sell it, I'm going to live in Mexico City with my children. They went to study in a Jewish high school there. Now, they're married and have their own families.

In reality, we had it good. I never wanted to go to Mexico City like my siblings. San Miguel is a privileged place.

Author's Note:
The Cohens' house did sell and is now an upscale hotel and food court with its original Star of David still intact on the façade.

*The *China Poblana* is what's considered the traditional style of dress for women in the state of Puebla. It consists of a shiny embroidered blouse, skirt, and shawl. It's a product of Mexican culture from the nineteenth century.

Ancha de San Antonio, 1940s.

Barbara Dobarganes

Barbara Dobarganes

I was born in a lumber camp in the mountains of Toluca. My father was English and my mother American. She had come down from Arkansas to visit her own father, who worked in the same camp. My parents met there and were soon married.

When I was still very young, we moved to Irapuato, where my father was offered a job as the manager of the British-American Cigarette Company. The smell of tobacco still takes me back to when I would roller skate in the corridors of the building. I had an idyllic but simple youth. My days were filled with skipping rope, playing marbles, reading, and listening to the radio. I had a life-size dollhouse of my very own, since I was an only child. This is where I had my English lessons with a private tutor, Mrs. Rabago.

A few years later, during the Second World War, my parents divorced and my mother and I left for Mexico City. I studied at a British school, spending my free time riding my bike in Chapultepec Park, before traffic became a problem.

During that time, American expats would get together and knit mittens and scarves, sending them to soldiers on the European Front. At one of these gatherings, the then governor of Guanajuato, Enrique Fernández Martínez, made an official appearance, showing his support for the foreign community. He met my mother, Nell Harris, there and they married when his term was over.

In 1949, we arrived to San Miguel with Jaime, my new little brother, to open the Instituto Allende. My stepfather wanted to create a school that would help Mexicans get to know and enjoy art, but it didn't work out

Barbara Dobarganes

Nací en el campamento de un aserradero en las montañas de Toluca. Mi padre era inglés y mi madre estadounidense. Ella había venido de Arkansas a visitar a su padre que trabajaba en el mismo campamento que el mío. Allí se conocieron mis padres y poco después, se casaron.

Cuando yo todavía era muy pequeña nos mudamos a Irapuato, donde le ofrecieron a mi padre un trabajo como gerente de la Compañía *British-American Cigarette*. El olor del tabaco aún me transporta a la época en que yo patinaba por los corredores del edificio. Tuve una juventud simple, pero idílica. Mis días transcurrían saltando la cuerda, jugando canicas, leyendo y escuchando la radio. Como era hija única, tenía una casa de muñecas de tamaño natural para mí sola. En ella tomaba mis clases de inglés con una maestra privada, la Sra. Rábago.

Unos años después, durante la Segunda Guerra Mundial, se divorciaron mis padres y mi madre y yo nos fuimos a la Ciudad de México. Entré a estudiar a una escuela inglesa y pasaba mi tiempo libre andando en bicicleta en el bosque de Chapultepec, antes de que el tráfico fuera tan problemático.

En ese tiempo, las expatriadas estadounidenses se reunían para tejer mitones y bufandas que les mandaban a los soldados del frente europeo. En una de esas reuniones, el entonces gobernador de Guanajuato, Enrique Fernández Martínez, hizo su aparición oficial para expresar su apoyo a la comunidad extranjera. Allí conoció a mi madre, Nell Harris, y se casó con ella cuando terminó su mandato.

En 1949 llegamos a San Miguel con Jaime, mi nuevo hermanito, para abrir el Instituto Allende. Mi padrastro quería fundar una escuela que ayudara a los mexicanos a conocer y disfrutar del arte, pero no resultó así pues se dio una afluencia de estudiantes estadounidenses en su mayoría, especialmente en invierno. Al igual que hoy en día, la gente venía porque quería escapar del frío y tomaba clases de pintura o joyería. Poco después, nació mi hermano Rudy.

Mi padrastro le compró el edificio a la familia Lámbarri para establecer el Instituto. Originalmente había sido construido para servir de casa de campo a los Condes De la Canal; su casa principal era lo que actualmente son las oficinas de Banamex, en el Jardín. El lugar estaba en ruinas. La

that way. Instead, we had an influx of mostly American students, especially in the winter. People wanted to escape the cold, just like today, so they would come and take painting or jewelry classes. Soon afterwards, my brother Rudy was born.

My stepfather purchased the building for the Instituto from the Lámbarri family. It had been built as the country home of the Condes de la Canal; their main house was the current Banamex on the Jardín. The place was in ruins. The fountain that's now in the central patio was a pile of rubble. They had to reconstruct it, piece by piece, like a puzzle.

When the school opened, Stirling Dickinson came over from the former Bellas Artes (different from today's) with most of his staff. In the summer, we had many students from the U.S. and Canada who could earn credit here. They were mainly art teachers getting their degrees.

The Mexican and foreign communities socialized more back then. People, in general, seemed more interested in Mexico. They wanted to speak the language, learn about the culture, and they genuinely made an effort toward friendship.

This was a strange time for me. San Miguel was a very small town. I was immersed in the Mexican community and dated local boys. Bugambilia (restaurant), which was on the main square, was where we gathered in the afternoon for ice cream and to meet our boyfriends. At night, we would sneak into Taboada by climbing over the wall to go swimming. The town was very conservative and religious. During Lent, no one turned on their TV or radio, there were no parties, and then, during Easter week, everyone went crazy.

I was sent to Arkansas to finish school. It was a big cultural shock for me, especially the segregation. I had never seen anything like it before. In Mexico, we too have discrimination, but it's not so obvious. There, you were confronted with it all day long. I couldn't understand why a colored person had to go to the back of the bus, or why they had separate water fountains. My grandmother, who I stayed with part of the time, was very Southern and couldn't explain it to me, because it was her natural way of life. I would leave Arkansas to return to San Miguel crying all the way home, but then at the end of the summer, I'd cry all the way back to Little Rock, not wanting to leave Mexico.

There was a large parcel of land behind the Instituto that would have originally been covered with fruit trees and the livestock of the De la Canal family. My parents decided to build a hotel there to house the stu-

Founder Enrique Fernández Martínez on the patio of the Instituto Allende. Photo by Peter Olwyler for LIFE magazine, 1961.

fuente que ahora se encuentra en el patio central era una pila de escombro. Hubo que reconstruirla pieza por pieza, como un rompecabezas.

Cuando se inauguró la escuela, Stirling Dickinson dejó la antigua escuela de Bellas Artes (no la actual), y se vino al Instituto con la mayor parte de su personal. En el verano teníamos muchísimos estudiantes de los Estados Unidos y Canadá a los que se les otorgaban créditos. Eran principalmente maestros de arte a punto de titularse.

En ese tiempo la comunidad mexicana y la extranjera socializaban más. En general, la gente parecía estar más interesada en México. Todos querían aprender el idioma, saber más de la cultura y verdaderamente se esforzaban por hacer amistades.

dents. I was in college in Mexico City at the time, but left my studies to help them out. I ended up working at the hotel for many years. It was a fun time. There were lot of movies being filmed in San Miguel and some of the crews would stay with us. They shot *El Caballo de la General* here, as well as another film with Mario Lanza.

During this time, I met my husband, Felipe Dobarganes, who went by the nickname of Pin. There was an American girl who was in love with him and chased him all over town, and I would sometimes accompany her. On the 16th of September 1954, there was a dance at the old Frontón (handball courts). I went and ended up spending the evening with Pin. He was a thirty-five year old physician; I was twenty. We got married in 1955 and I moved into his family home on Recreo where he had grown up. We had seven children and a very happy marriage. He was a wonderful man.

We lived in Guanajuato for six years when my husband was invited by the then governor to work with the state health department. I was busy raising small children while we were there, but when we returned to San Miguel, I went back to the Instituto. I helped with administration and later became the director for the Spanish department. I ended up working at the hotel and the school for many years. My kids practically grew up there.

My mother was the force that made the Instituto what is was at the time. She was always the first person to arrive and last person to leave. She sat in that office until her eighties. That place was her life.

I have many fond memories of the school, but one of my favorites is when Stirling went to Nigeria. He quickly figured out how to get himself on the radio to talk about San Miguel and the Instituto. Afterward, fifteen Nigerians enrolled in the art department; however, as soon as they arrived there was a coup in their country, and their funds were frozen. They couldn't pay for anything; they couldn't even eat, so Stirling gave them all scholarships. One of the students married a Mexican girl and now lives in Mexico City. Another one got into trouble with the police and got deported. After that, we were scared every time Stirling left the country.

My mother sold the hotel in 1980 to the Aristos chain. It operated until they sold it to Rosewood. It's been very hard for me to see what they have done, how they built on all that beautiful land which holds such special memories for me.

About twenty years ago, my daughter, Mari Tere, and I started a trans-

Ésa fue para mí una época rara. San Miguel era un pueblo muy pequeño. Yo vivía inmersa en la sociedad mexicana y salía con chicos locales. El restaurante Bugambilia, que entonces estaba en el Jardín, era el sitio en donde nos reuníamos por las tardes para tomar un helado o encontrarnos con los novios. Algunas noches, nos íbamos a nadar a Taboada y nos colábamos trepando la barda. El pueblo era muy religioso y conservador. Durante la Cuaresma, nadie encendía el radio ni la televisión y no se hacían fiestas, pero al llegar la semana de Pascua, todos enloquecían.

Cuando me mandaron a Arkansas a terminar mis estudios, fue para mí un gran choque cultural, especialmente por la discriminación. Yo nunca había visto algo así. Aunque en México también existe, no es tan obvia. Allá, uno la confrontaba todo el día. Yo no podía entender por qué una persona de color tenía que viajar en la parte trasera de los autobuses o por qué tenían que usar bebederos separados. Mi abuela, con quien vivía parte del tiempo, era muy sureña y no podía explicármelo, porque para ella era de lo más normal. Cada vez que yo salía de Arkansas para venir a San Miguel, lloraba durante todo el camino, pero cuando terminaba el verano, no quería irme de México y lloraba todo el trayecto de regreso a Little Rock.

Detrás del Instituto había un enorme terreno que originalmente había estado lleno de árboles frutales y donde pastaba el ganado de la familia De la Canal. Mis padres decidieron construir ahí un hotel para alojar a los estudiantes. En ese entonces estaba yo en la universidad en la Ciudad de México, pero dejé los estudios para venir a ayudarles. Terminé trabajando en el hotel por muchos años. Fue una época divertida. Había muchas películas que se filmaban en San Miguel y algunas personas del equipo técnico se hospedaban con nosotros. Entre las películas que se filmaron están *El Caballo de la Generala*, así como otra película con Mario Lanza.

En este tiempo conocí a mi esposo, Felipe Dobarganes, a quien apodaban Pin. Había una chica estadounidense que estaba enamorada de él y lo perseguía por todo el pueblo. Algunas veces yo la acompañaba. El 16 de septiembre de 1954, organizaron un baile en el viejo Frontón. Yo fui y terminé pasando la velada con Pin. Era un médico de treinta y cinco años de edad; yo tenía veinte. Cuando nos casamos en 1955, me fui a vivir a la casa de su familia en la calle de Recreo en donde él había crecido. Tuvimos siete hijos y un matrimonio muy feliz. Era un hombre maravilloso.

Vivimos seis años en Guanajuato pues el gobernador en turno llamó a mi esposo para que trabajara en el Departamento de Salubridad. Mientras

lation business. Translating is something I've done all my life; it just comes naturally to me. We're still active, my daughter more than me, but I have spent years going to the courts, the notary offices, helping people with their legal documents. We also opened the original El Correo restaurant together. We were always there. I loved meeting people and telling them about San Miguel; it's what I miss most about not having the place anymore.

I spend more time at home now. Luckily, I have this beautiful house (across the street from the post office on Correo). This place was always my husband's dream. Pin told me that when he was a child he'd pass this house on his way to school and say, "I wish this place could be mine one day." He never imagined his dream would come true.

The house was originally built in the 1740s for Count Jaral de Berrio as an in-between stop when going from Mexico City to his huge estate in the southern part of Guanajuato. He would only stay for a few days, leaving the place empty most of the year. By the 19th century, it belonged to the Espinosa family. When I arrived in San Miguel, there were about seven or eight siblings fighting over the property, so they divided the house and they all moved in—-sharing the only bathroom, even though they didn't get along. Little by little, they died off until only one sister was left.

They had been a family of means, but lost everything over the years, selling off the household furniture piece by piece. (The place was originally full of antiques.) My husband's childhood nanny was a friend of the remaining heir. One day, she asked him to look in on the old woman, which he did. By then, she had absolutely nothing, so we helped her out, along with the nanny, bringing her food, paying some bills. One day, she called my husband over and told him that she had a lot of nieces and nephews, but not one of them had ever come to visit her, and therefore they didn't deserve the house. Instead, she wanted to leave it to him, someone who would take care of it. So she did. When she died, many of the relatives moved into the house and we had to call the police to get them out. He really loved this place. Sometimes, I think about selling it, but I can't, it was too special for him.

I'm still quite active, working many hours a week in the notary offices and doing translations of all kinds, sometimes for eight to ten hours a day. I make time to be with friends, go to the movies, and enjoy the Jardín. I especially like to spend time with my children and my amazing grandchildren. I hope I can live long enough to see at least one great-grandchild.

estuvimos allí, yo me dediqué a criar a los niños, pero cuando regresamos a San Miguel, volví al Instituto y ayudé con la administración. Más tarde, llegué a ser la directora del Departamento de Español. Así, terminé trabajando durante muchos años en el hotel y en la escuela. Mis hijos prácticamente crecieron ahí.

Mi madre fue el impulso que hizo del Instituto lo que llegó a ser. Ella siempre era la primera persona en llegar y la última en irse. Estuvo al frente de la oficina hasta sus ochentas. Ese lugar era su vida.

Tengo muchos recuerdos de la escuela, pero uno de mis favoritos es cuando Stirling Dickinson fue a Nigeria. Rápidamente se las arregló para hablar por la radio sobre San Miguel y el Instituto. Poco después se inscribieron quince nigerianos en el departamento de Arte, sin embargo, en cuanto ellos llegaron hubo un golpe de estado en su país y sus cuentas bancarias fueron congeladas. No tenían dinero para nada, ni siquiera para comer, así que Stirling los becó a todos. Uno de los estudiantes se casó con una chica mexicana y ahora vive en la Ciudad de México. Otro se metió en problemas con la policía y lo deportaron. A partir de entonces, nos daba miedo cada vez que Stirling salía del país.

En 1980 mi madre le vendió el hotel a la cadena Aristos. Éste siguió en funcionamiento hasta que lo compró Rosewood. Para mí ha sido muy duro ver lo que han hecho, cómo construyeron sobre el hermoso terreno del que conservo recuerdos tan especiales.

Hace unos veinte años, mi hija Mari Tere y yo empezamos un negocio de traducciones. Esto es algo que yo he hecho toda mi vida; se me da de una manera muy natural. Ambas seguimos activas—más mi hija—, pero yo he pasado años yendo a cortes, oficinas de notarios y ayudando a las personas con sus documentos legales. También abrimos juntas el restaurante El Correo original. Siempre estábamos ahí. A mí me encantaba conocer gente y hablarle sobre San Miguel; es lo que más extraño de ya no tener el lugar.

Ahora paso más tiempo en casa. Afortunadamente, tengo esta hermosa casa (enfrente de la oficina de Correos) que siempre fue el sueño de mi esposo. Pin me contó que cuando él era niño, pasaba por esta casa de camino a la escuela y se decía: "Me gustaría que algún día fuera mía". Nunca imaginó que su sueño se haría realidad.

La casa fue construida originalmente en 1740 para el Conde de Jaral de Berrio a fin de servirle de escala entre la Ciudad de México y la extensa hacienda que poseía al sur de Guanajuato. Sólo se quedaba en ella unos

Semana Santa Procession, 1950s.

cuantos días; dejándola vacía la mayor parte del año. Para el siglo XIX, la casa pertenecía a la familia Espinosa. Cuando yo llegué a San Miguel, había unos siete u ocho hermanos que se disputaban la propiedad, así que dividieron la casa y, aunque no se llevaban bien, todos la ocuparon—compartiendo el único baño que había. Poco a poco fueron muriendo hasta que sólo quedó una de las hermanas.

Había sido una familia acomodada, pero al correr del tiempo perdieron todo y fueron vendiendo el mobiliario pieza por pieza. En un principio el lugar estaba lleno de antigüedades. La nana que mi esposo había tenido de niño, era amiga de la heredera sobreviviente. Un día le pidió que examinara a la anciana, cosa que hizo. Para entonces ella no tenía absolutamente nada así que, junto con la nana, la ayudamos llevándole comida y pagando algunas cuentas. Un día, la viejita llamó a mi esposo y le dijo que ella tenía muchos sobrinos pero que ninguno de ellos había venido jamás a visitarla y que por lo tanto, no se merecían la casa. En cambio quería dejársela a él, que sí la cuidaría. Así lo hizo y cuando murió, muchos de sus parientes vinieron a instalarse y tuvimos que llamar a la policía para sacarlos. A Pin le encantaba este lugar. A veces he pensado en venderlo pero no puedo, porque era muy especial para él.

Todavía me mantengo muy activa, trabajando muchas horas por semana en notarías y haciendo traducciones de todo tipo, a veces hasta por ocho a diez horas diarias. Aún así, me hago tiempo para ver a mis amigos, ir al cine y disfrutar el Jardín. En especial me gusta pasar tiempo con mis hijos y mis sorprendentes nietos. Espero poder vivir lo suficiente para ver al menos un bisnieto.

Jean Everhart

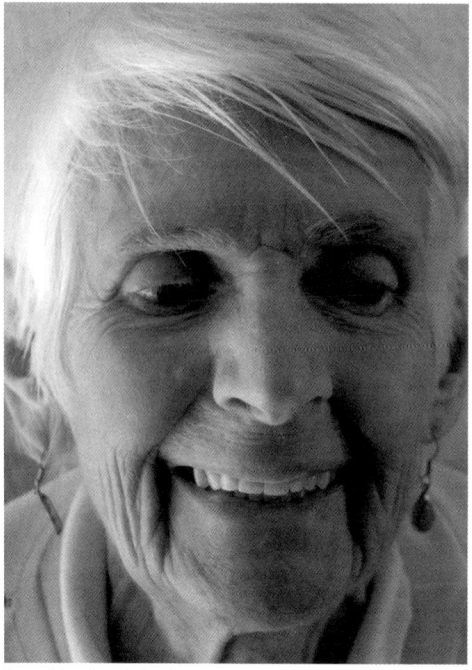

Jean Everhardt by Jane Evans.

My father was a Presbyterian pastor and missionary. He came to Mexico to work in 1905. My mother arrived in Morelia, Michoacán, in 1910 to take a teaching position in the church school. My parents met after coming here and got married when they were both thirty-three—an old age for that time.

My mother gave birth to six children, but the first one died after nine days. We were five and I was the youngest of three girls, born in 1922. Most of my childhood was spent in Pátzcuaro. It hasn't changed much during the years. It's an old town with many indigenous people called the Purépecha; the Spanish called them Tarascans. They lived in all the nearby villages. They came to town for the Friday market and put their wares on the ground: fruit, vegetables, and more than anything, the lake's white fish that was a big part of their diet. The majority of the Tarascans were fishermen. They made their canoes from a single piece of wood. The men dressed in *manta* with wool *sarapes*, the women in pleated wool skirts and colorful belts. Pátzcuaro's lake was once very big and clean, but now it's dried up a lot.

When I was a girl, my siblings and I studied with my mother: we didn't go to school. In our free time, we went into the countryside with our friends. I loved to climb the mountains and look out over the lake.

In general, the Mexican community accepted us, but some were angry that we were Presbyterians. One time when I was little, a group of men threw rocks at our house during the night and broke some windows. I was terrified and didn't understand why they were bothering us.

Jean Everhart

Mi papá era pastor presbiteriano y misionero. En 1905 vino a México a trabajar. Mi mamá llegó a Morelia, Michoacán en 1910 para tomar un puesto como maestra en la escuela de la iglesia. Mis papás se conocieron al llegar aquí y se casaron muy grandes para aquel tiempo, ambos tenían treinta y tres años.

Mi mamá dió a luz a seis niños, pero el primero murió a los nueve días. Éramos cinco y yo fui la menor de las tres mujeres. Yo nací en 1922. La mayor parte de mi niñez la pasé en Pátzcuaro. A través de los años no ha cambiado mucho. Es un pueblo antiguo con mucha gente indígena—los purépecha, a quienes los españoles les pusieron el nombre de tarascos. Vivían en todos los pueblos cercanos. Los viernes venían al mercado y ponían sus cosas en el piso: fruta, verdura y más que nada el pescado blanco del lago, que era en gran parte, su dieta. La mayoría de los tarascos eran pescadores. Hacían sus canoas de una sola pieza de madera. Los hombres vestían de manta con sarapes de lana y las mujeres de faldas de lana con pliegues y cinturones coloridos. Antes el lago de Pátzcuaro era muy grande y limpio, pero ahora se ha secado mucho.

Cuando era niña, mis hermanos y yo estudiábamos con mi mamá; no íbamos a la escuela. En nuestro tiempo libre hacíamos muchas excursiones al campo con amigos. Me encantaba subir las montañas y contemplar el lago desde ahí.

Por lo general, la comunidad mexicana nos aceptó, pero algunos estaban enojados porque éramos presbiterianos. Una vez cuando era chiquita, un grupo de jóvenes echaron piedras a la casa por la noche y rompieron varias ventanas. Me dio mucho miedo y no entendía por qué nos estaban molestando.

Yo tenía catorce años cuando mi familia se fue a vivir a Richmond, Virginia. Mi papá tuvo que regresar a los Estados Unidos por su trabajo. Debería haber vuelto antes, pero como era el tiempo de la Depresión, pensó que era mejor quedarnos en México porque allá no había oportunidades. En 1936 regresamos para que mi papá pudiera estudiar en un seminario. Ésa fue la primera vez que yo asistí a una escuela con otros niños. Cuando terminé, empecé a trabajar como maestra. Después fui a estudiar escritura creativa en la Universidad de Michigan. Escribí mucho sobre mis experiencias en México. Gané el premio Hopwood por una colección de

I was fourteen years old when my family moved to Richmond, Virginia. My father had to return to the States for his work. He should have left before, but there weren't many opportunities due to the Depression, so he thought it best to stay in Mexico. We returned in 1936, so my father could study at the seminary. That was the first time I attended school with other children. When I finished, I began to work as a teacher. Afterwards, I went to study Creative Writing at the University of Michigan. I wrote a lot about my experiences in Mexico and won the Hopwood Prize for a collection of short stories, which was one of the highlights of my life.

In 1963, I returned to Mexico to continue my creative writing studies at the Instituto Allende, where I had won a scholarship. My plan was to stay a year, living off my prize money, but I never left. Here, I found serenity. Everything in the States is very impersonal. People don't take the time to make friends like they do here.

I worked as a teacher at the bilingual kindergarten. I also gave Spanish classes to foreigners at the Instituto. I met my husband, Bill Everhart, in one of my classes. He came one winter after retiring. He was almost sixty years old; I was nine years younger. One day, he wanted to go to the hot springs and asked me for directions. After I told him how to get there, he said, "Why don't you join me?" That's how we got to know each other. We fell in love and he decided to stay. We didn't have children; we were too old. When Bill died in 1983, I was devastated. I stayed in San Miguel though. Mexico is my home.

When I arrived, there were only three taxis and a few private cars. This has been one of the biggest changes—the traffic. San Miguel was such a unique and special place. There was so much culture and the Mexican and North American communities mixed more. Back then, we had lots of cultural events. It started with Stirling Dickinson. He organized concerts and theater productions. I had a lot of friends and we always had fun at the frequent parties. People entertained mostly at home, since there weren't many places to go. It was a beautiful time. I'm glad I was here to experience it.

cuentos cortos, lo cual fue una de las cosas más satisfactorias de mi vida.

En 1963 regresé a México para continuar con mis estudios de escritura creativa en el Instituto Allende, en donde había obtenido una beca. Mi plan era quedarme un año viviendo con el dinero de mi premio, pero nunca regresé. Aquí encuentro mucha serenidad. En los Estados Unidos todo es muy impersonal. La gente no se toma el tiempo para hacer amistades, como aquí en México.

Trabajé como maestra en un kinder bilingüe. También daba clases de español para extranjeros en el Instituto. En una de mis clases conocí a mi esposo, Bill Everhardt. Él vino un invierno después de jubilarse. Tenía casi sesenta años y yo nueve años menos. Un día él quería ir a un balneario y me preguntó cómo llegar. Le dije cómo y él dijo, "¿Por qué no me acompañas?" Así nos conocimos, nos enamoramos y decidió quedarse. No tuvimos hijos, éramos demasiado grandes. Cuando Bill murió en 1983 me afectó muchísimo, pero permanecí en San Miguel. México es mi hogar.

Cuando yo llegué había tres taxis y unos cuantos carros particulares. Éste es uno de los cambios más grandes: el tráfico. San Miguel era un lugar tan único, tan especial. Había mucha cultura y las comunidades mexicana y estadounidense se mezclaban más. En aquel tiempo había muchos eventos culturales. Todo empezó con Stirling Dickinson que organizaba conciertos y obras de teatro. Yo tenía muchos amigos y nos divertíamos en las frecuentes reuniones que se organizaban. Como no había muchos lugares adónde ir, la gente hacía fiestas en su casa. Fue un tiempo muy bonito. Me siento muy feliz de haber estado aquí para vivirlo.

María del Carmen González de García

María del Carmen González de García by Jane Evans.

I was born in this house (at Mesones #63). It's been in my family since 1868. Counting my grandchildren, we're the fifth generation here. My grandfather bought the house to use as a school. He was a teacher and needed a place to give classes. When Emperor Maximiliano visited in 1864, his soldiers were housed here.

My father, Carlos González Manrique de Lara, was born in León, but when he was a boy and the revolution began, his family moved to San Miguel. León was very Villista. During this time, my grandmother locked everyone inside the house, because it was dangerous on the street. My father would jump over the roof of the corral, though, and take baskets of tortillas to the *soldaderas* (female camp followers) of Villa.

When my father came to San Miguel he worked very hard from the bottom up until he was the first lawyer in town. Afterwards, he developed both colonia Allende and colonia San Antonio, buying the land, piece by piece, from the people who had orchards—there used to be a lot of fruit orchards here. My father also had a shoe store that my mother

María del Carmen González de García

Esa casa (en Mesones # 63), en la que yo nací, ha pertenecido a mi familia desde 1868. Contando a mis nietos, somos la quinta generación aquí. Mi abuelo compró la casa para una escuela. Él era maestro y necesitaba un lugar para dar sus clases. Fue en esta casa donde se alojaron los soldados cuando el Emperador Maximiliano visitó San Miguel en 1864.

Mi papá, Carlos González Manrique de Lara, nació en León pero cuando era niño y llegó la revolución, su familia se vino a vivir a San Miguel. León era una ciudad muy villista. En aquel tiempo mi abuela encerraba a todos en la casa porque la calle era peligrosa. Mi papá se brincaba por la azotea del corral y les llevaba canastas de tortillas a las soldaderas de Villa.

Cuando mi padre vino a San Miguel, trabajó muy duro, desde abajo, hasta llegar a ser el primer abogado del pueblo. Después creó la colonia Allende y la colonia San Antonio. Fue comprando terrenos de pedazo en pedazo, a las personas que tenían huertas. Antes aquí había muchas huertas. También tenía una zapatería que atendía mi mamá. Mi papá se iba a vender zapatos a Dolores Hidalgo, a Celaya, a lugares así; con eso compraba los pedacitos que después vendió como fraccionamientos.

Tengo muchos bonitos recuerdos del tiempo precioso del pasado. Para diversión teníamos nada más el frontón en Hidalgo. Allí nos juntábamos todos los de mi edad. También nos íbamos al cerrito pero ya no está, ahora hay puras casas. La vida era muy tranquila, por en medio de las calles corrían los chorritos de agua, se veía precioso nuestro pueblito. Tomábamos agua de la llave y era tan pura. Nosotros vivíamos con mucha seguridad. A las nueve de la noche tenías que estar en tu casa. De muchas cosas estábamos ignorantes, todo era muy sencillo.

Mi papá tenía una hacienda que se llamaba Tierra Blanca de Abajo que fue nuestra casa de campo. Se llamaba así porque de allí sacaban cal. Ya le cambiaron el nombre a Las Trancas. Era un casco de una hacienda muy antigua cuando la compró. Allá mis amigos y yo andábamos mucho a caballo, también teníamos fiestas y comidas con mucha gente del pueblo.

Conocí a mi esposo, Antonio García González, desde niña. Éramos primos segundos. Siempre quise mucho a Antonio, pero como que mi papá no estaba de acuerdo; era difícil. Cuando mi papá salía a jugar dominó,

ran. He would go to Dolores Hidalgo, Celaya, and other places to sell shoes. With this money, he bought the parcels of land that he later sold as residential developments.

I have a lot of beautiful memories from precious times in the past. We only had the Frontón on Hidalgo for entertainment. Everyone my age gathered there. We would also go into the nearby countryside, but it's no longer there—now it's full of houses. Life was very calm. Streams of water ran down the streets and our little town looked lovely. We drank water from the tap and it was clean. The town was very secure, but nonetheless we had to be home by 9 p.m. We were ignorant of so much, but that made life simple.

My father had a hacienda named Tierra Blanca de Abajo (now called Las Trancas). It was our country house. It was named for the *cal*, or limestone, that was mined there. When my father bought the property it was a shell of a very old hacienda. My friends and I would ride horses there, as well as have parties and meals with people from town.

I knew my husband, Antonio García González, since I was a child—we were second cousins. I always loved Antonio, but since my father didn't agree to the match it was very difficult. We hid our relationship, talking through the barred windows when my father left to play dominos. Antonio brought mariachis to serenade me in the street and they would finish around 5 a.m. Sometimes, they arrived in trucks with a piano and a lot of guitar players. In those days, boys dressed in suits and were always respectful. Everything was very formal—not like today.

My first job was at the Hotel Arias, which was on Mesones. I served breakfast to the Americans that were beginning to arrive. Afterwards, I worked in my parents' shoe store. When I was twenty-two years old, I married Antonio in the Parraoquia and then six children came along one after the other.

My life's work has been to take care of the elderly. I began by visiting people who were sick. Back then, it was necessary to have a group to look after the elderly. I founded TAU because the elderly should always be among family, not sent away to a nursing home. I've spent more than thirty-five years taking care of them. Through TAU, we buy the elderly medicine, eyeglasses, and basic foods, such as rice, beans, and vegetables. We also have two local doctors who volunteer to help with their health issues. Working with the elderly has given me a lot of satisfaction.

San Miguel fiestas in the Jardín, 1950s.

platicábamos en la reja así, a escondidas. Antonio me traía serenatas, a veces llegaba con piano y muchos guitarristas en una camioneta y terminaban hasta las cinco de la mañana. Antes los muchachos vestían mucho de traje y eran siempre respetuosos, no como hoy en día. Todo era muy formal.

Mi primer trabajo fue en el Hotel Arias, que estaba ubicado en la calle de Mesones. Yo atendía los desayunos de los americanos que empezaban a venir. Después trabajé en la zapatería de mis papás. Cuando yo tenía veintidós años, me casé con Antonio en la Parroquia y entonces vinieron nuestros seis hijos muy seguidos.

Mi apostolado fue atender ancianitos. Empecé visitando enfermos. En aquel entonces, era muy necesario un grupo para atender ancianos. Yo fundé la asociación civil TAU, para ayudar a las personas a cuidar a sus padres que envejecían, porque las personas mayores deben estar siempre en familia, no en un asilo. Ya tengo más de treinta y tres años atendiéndolos. Les compramos medicina, anteojos, y les damos una despensa de arroz, frijol y verdura. Tenemos también dos doctores locales que trabajan como voluntarios asistiéndolos en cuestiones de salud. Trabajar con los ancianitos me ha dado mucha satisfacción.

Maruja González

Maruja González

I was born in Havana many, many years ago, but my mother, María Eladia González Gil, was from San Miguel. My great-grandparents' house was across from the San Francisco church, which is now El Nuevo Mundo. Before, it was my great-grandfather José Gil's store. He was Spanish, but married a woman from San Miguel—María Lámbarri. Her family had been here since the 18th century.

My aunt Lupe was a Cristera. She was appointed Colonela Cristera because she helped a lot of the Cristeros. She lived on Reloj and knew the names of all the San Miguel people that were involved. They caught her and I don't know why they didn't shoot her. She was single and at the exact moment that they were about to send her to the Marías Islands, the armistice arrived and she was pardoned. I remember my mother telling me that my aunts looked after the *Santísimo* (the blessed sacrament) in their house during this time. They would have masses there and my mother and everyone would have to sneak around to attend.

During the revolution, my family left San Miguel because it was dangerous, but they never sold the house. My grandmother was very young and beautiful and my grandfather was afraid for her when the revolutionaries arrived. So, he went to Mexico City with his wife and two daughters, one of which was my mother.

That's where my mother met my father, who was Spanish. He was a representative of a perfumery in Havana, so when they got married that's

Maruja González

Nací en La Habana, Cuba, hace muchos, muchos años, pero mi mamá, María Eladia González Gil, es de San Miguel. La casa de mis bisabuelos era la que está frente a San Francisco, que ahora es El Nuevo Mundo. Antes era la tienda de mi bisabuelo, José Gil. Él era español y se casó con una señora de San Miguel, María Lámbarri. Su familia es la que es de aquí desde el siglo XVIII.

Mi tía Lupe era cristera. La nombraron coronela cristera porque ayudaba mucho a los cristeros. Vivía en la calle de Reloj y tenía los nombres de toda la gente de San Miguel que estaba involucrada. Se la llevaron presa y no sé por qué no la fusilaron. Ella era soltera y cuando la iban a mandar a las Islas Marías, en ese momento se dio el armisticio y la perdonaron. Me acuerdo que me contaba mi mamá que mis tías guardaban el Santísimo en su casa. Hacían misas y mi mamá y todos iban a escondidas a misa.

Durante la Revolución, la familia salió de San Miguel, por el peligro que había, pero nunca vendieron la casa. Mi abuela era muy joven y guapa y mi abuelo tenía miedo de que llegaran los revolucionarios. Entonces se fue a México con su mujer y sus dos hijas, una de ellas mi mamá.

Allá es donde mi mamá conoció a mi papá que era español. A él le habían dado la representación de una perfumería en La Habana, entonces cuando se casaron se fueron para allá. Las dos hijas mayores nacimos en La Habana, pero nos volvimos a México antes de la Revolución Cubana.

Vine a vivir en México a los siete años, pero tengo muchos recuerdos de Cuba. Mi papá seguía con el negocio allá. Entonces íbamos y volvíamos pero estudiábamos en una escuela en México.

Cuando era niña, las vacaciones en San Miguel eran maravillosas. Era un pueblo precioso casi sin coches. Y para mi hermana y para mí, San Miguel era la libertad porque en México nos tenían encerradas en una casa, no podíamos salir. Aquí nos íbamos todo el día a la calle a jugar o al parque y teníamos muchos tíos y primos. Casi todas las casas del centro eran de nuestros parientes. La casa en donde ahora es el museo (de Allende) era de una tía de mis tías. Todos vivíamos en el centro. Ahora no quedamos aquí más que mis hermanos y yo aquí y la familia Sánchez.

where they went. We two eldest daughters were born in Havana, but we returned before the Cuban Revolution.

I was seven years old when I came to live in Mexico, but I have a lot of memories of Cuba. My father continued his business there, so we went back and forth, but we attended school in Mexico.

When I was a little girl, our vacations in San Miguel were wonderful. It was a precious town with hardly any cars. For my sister and me, San Miguel meant freedom, because in Mexico City we were closed up in a house. We couldn't go out. Here, we played in the street all day and went to the park. We had a lot of uncles, aunts, and cousins here. Almost all the houses in the center of town belonged to our relatives. The house, which is now the (Allende) museum, belonged to an aunt of an aunt. We all lived in the center of town. Now, we're the only ones remaining, me and my siblings and the Sánchez family.

My grandfather bought this house (on the Jardín) in 1924. In the 19th century, it belonged to a relative of mine. The house burnt down around the 1850s. Before, the lower part of all these houses were annexes. There was a store that sold alcohol and it caught on fire. My Uncle Miguel, who was the owner at the time, left the house. Afterwards, I'm not sure who restored it. The walls stayed, but they changed a lot of other things. Now, it's taller than it used to be. It's more in the Neo-Classic style; it's different from the Colonial houses. Later my grandmother made some changes—she put in the floor. Now, we don't touch it; we just take care of it.

This house didn't have an orchard, but it did have a stable. When I was young I got to meet the mare that entered through the front door. Her name was Florencia and she belonged to my uncle.

I remember I was horrified when we arrived at the house and there was only one bathroom for the adults. The children were sent to the back bathroom, the communal one. It was frightening, since there were only holes. It doesn't exist anymore—my mother got rid of it. We bathed here, in the house, in the bathtub that my grandmother put in ninety years ago. It's still here.

San Miguel was a very religious town back then. I remember when I was a girl that it shocked me because my sister and I came from Havana, which was a very modern, Americanized city. When we arrived in San Miguel, all the old houses and ruins were very strange for us. There were a lot of women dressed in black that went to mass with a *mantilla* or a *rebozo* on their heads. The church smelled of smoke at noon, even the shawls smelled

Esta casa (en el Jardín), la compró mi abuelo en 1924. Anteriormente, en el siglo XIX, había sido de un pariente mío. Esta casa se debe haber quemado como por mil ochocientos cincuenta y tantos. Antes, a la parte de abajo de todas estas casas le llamaban accesorias. Había una tienda en donde vendían alcohol y se prendió. El tío Miguel, que era el dueño entonces, se salió de esta casa. Después no sé quién la restauró. Quedaron los muros pero cambiaron muchas cosas. Ahora es más alta que antes. Es de un estilo más neoclásico, es diferente a las casas coloniales. Luego mi abuela hizo cambios, le puso el piso. Ahora ya no la tocamos, la cuidamos mucho.

Esta casa no tenía huerta pero sí caballeriza. Cuando yo era niña todavía conocí a la yegua que entraba por la puerta de entrada. Se llamaba Florencia y era de mi tío.

Lo que me acuerdo que era horrible es que llegábamos aquí a la casa y nada más había un baño para los adultos, porque a los niños nos mandaban al baño de atrás, al común, que era espantoso, eran unos agujeros... y mi mamá los sacó, ésos ya no existen. Para bañarnos, aquí en la tina de la casa. Todavía está la misma tina que puso mi abuela hace noventa años.

San Miguel era un pueblo muy religioso en aquel entonces. Me acuerdo que de niña me impresionaba mucho porque mi hermana y yo veníamos de La Habana, que era una ciudad muy moderna y muy americanizada, y cuando llegábamos a San Miguel, todas las casa viejas y las ruinas eran una cosa muy rara para nosotras. Había muchas mujeres vestidas de negro que iban a misa con la mantilla o el rebozo. La iglesia olía mucho a humo en la misa de doce, hasta los rebozos olían a humo. Ahora ya no hay ni rebozos. Los domingos y en las fiestas, se oía desde el balcón el ruido de los huaraches y si te asomabas, no veías más que un techo de sombreros, mientras la banda municipal tocaba.

Cuando yo era joven nos salíamos al Jardín a dar vueltas y a conocer a los muchachos que daban la vuelta en sentido contrario. Nosotros íbamos en medio, el pueblo afuera. Los rancheros de sombrero no se podían meter a ese "círculo mágico". Donde están las bancas, ahí dábamos vuelta nosotros. Cuando se lo platicaba en México a mis amigos, no podían creer la discriminación que había en el Jardín.

El punto de reunión era Bugambilia que estaba en el portal. Platicábamos con los muchachos que nos encontrábamos, e íbamos a poner música en su rocola.

of smoke. Nowadays, no one uses a *rebozo*. On Sundays and holidays, you could hear the sound of *huaraches* from the balcony, and if you looked out, you would see a sea of sombreros while the band was playing.

When I was young we would go to the Jardín and walk in circles to meet the boys that were walking in the opposite direction. We would walk the middle circle, the townspeople the outer circle. Farmers with hats couldn't get into the "magic" circle. Where the benches are now is where we would walk. When I would tell my friends in Mexico City about this, they couldn't believe the discrimination that happened in the Jardín.

Our meeting place was Bugambilia, which was under the arches. We would talk to the boys we met, then go to and put money in their jukebox.

People, especially the young, quit going to the Jardín when they opened the golf club. We socialized in the family; the house was always crazy with people entertaining themselves with conversation. At night, we would tell ghost stories.

Another pastime was the movies at the Ángela Peralta Theater that started in the late '30s. My sister and I would go with plastic hats, because the people in the balcony would spit and throw chewed up oranges. They showed Superman and Mickey Mouse cartoons.

Anthony Quinn, Mario Lanza, Maria Felix, Mel Ferrer—they all came to San Miguel to film movies. In Anthony Quinn's movie, we all wore costumes and worked as extras. They paid

San Miguel extras, including Maruja González, filming "Guns for San Sebastian" with Anthony Quinn, 1967.

La gente y especialmente los jóvenes dejaron de venir al Jardín cuando hicieron el Club de Golf. Nosotros convivíamos en familia, aquí la casa parecía de locos pero nos entreteníamos con las conversaciones, y por la noche con los cuentos de espantos.

Otra diversión era ir al cine en el Teatro Ángela Peralta que comenzó a fines de los 30's. Mi hermana y yo íbamos con unos gorros de plástico porque te escupían los de arriba o te echaban naranjas chupadas. Había caricaturas de Supermán y del Ratón Miguelito.

Aquí han venido a filmar Anthony Quinn, Mario Lanza, María Felix, Mel Ferrer. En la (película) de Anthony Quinn todos nos disfrazábamos y nos íbamos a trabajar de extras, nos pagaban veinte pesos al día y era divertidísimo. Eso era la sensación para todo el pueblo, cuando venían a filmar. Cantinflas también hizo una película aquí y todas las niñas de San Miguel salían allí.

Ése fue mi pueblo de los 50's pero el de mi mamá...ella decía que su diversión era irse a la Estación con mi abuelo, que la llevaba en su coche, a ver pasar el tren y a decirles adiós a los pasajeros. A veces, los sábados íbamos a Taboada. Creo que el balneario es de los años 20's porque hay fotos de mi mamá de joven en Taboada, con un traje de baño muy raro.

Me casé en 1963. Mi primer marido tenía un rancho en Comonfort y viví allá dos años. En 1965 ya me vine a vivir a San Miguel para siempre. Mi segundo esposo Pepe nació en la Fábrica La Aurora. Es de la familia de los dueños. Entrando, a la derecha, estaba la casa de su familia. A los trabajadores de la Fábrica les llamaban *fabriqueños*. Las únicas fuentes de empleo de San Miguel eran La Aurora o la agricultura. La Fábrica cerró no hace mucho y estuvo un tiempo cerrada. Después Rosy, la cuñada de Pepe, tuvo la buena idea de hacerla galerías.

Pepe te cuenta que cuando ellos eran chicos no había luces en la calle sino una oscuridad espantosa. Entonces venían al cine y veían películas de espantos como Frankenstein, y luego regresaban hasta la Fábrica y en todo el camino había sólo un foco y sentían un miedo horrible.

El cambio de San Miguel sí ha sido muy fuerte. Todos los precios se fueron para arriba. Carmen Masip y yo éramos las únicas al principio que nos pusimos a pelear para que no construyeran sobre las casas. Tuvimos pleitos muy fuertes pero los importantes los ganamos. En estos momentos todavía ando peleándome por una casa que están construyendo.

Cuando el cine (Ángela Peralta) se rescató para Teatro, también participé con Carmen Masip que hizo la Asociación Cultural con Lucha

us twenty pesos a day and it was so much fun. When a movie came, it was a sensation for the entire town. Cantinflas also made a movie here and all the San Miguel girls were in it.

This was my town in the '50s, but my mother's town...she said her fun was going to the train station with my grandfather, who took her in his car to wave to the passengers when the train passed. Sometimes, on Saturdays, we would go to Taboada. I believe the pool is from the twenties because there are photos of my mother as a young woman there in a very strange bathing suit.

I got married in 1963. My first husband had a ranch in Comonfort and I lived there for two years. In 1965, I came back to San Miguel forever. My second husband Pepe was born at the Fábrica La Aurora—his family owns the property (their house was on the right when you entered). They called the factory workers *fabriqueños*. The Aurora and farming were the only sources of employment at the time. The factory closed not too long ago and remained closed for a while. Well, until Rosy, Pepe's sister-in-law, had the great idea to convert it into art galleries.

Pepe says that when they were young, there weren't any streetlights, just frightening darkness. So, when they went to the movies and watched a horror film like "Frankenstien," they would have to return to the Fábrica in the dark. There was only one light bulb along the way, so it was very scary.

The changes in San Miguel have been very big and prices have really shot up. At the beginning, Carmen Masip and I were the only ones who fought the construction of additional stories to the old houses. We had a lot of very bad arguments, but luckily we won the most important battles. I'm still fighting about a house that they're building right now.

When the movie house (Ángela Peralta) became a theater again, I worked with Carmen, who had formed the Cultural Association with Lucha Maxwell, and it was quite successful. Well, that is, until the mayor thought that it would be a good business and he threw us out. Without a word, he broke down the door and took possession.

I'm a writer. I wrote a fiction piece about the War of Independence in San Miguel. My ancestors were part of Allende's group. I included my great-grandfather, who was in charge of San Miguel el Grande after the insurgents came through, so I could give him credit. Almost all of my inspiration comes from the stories that my family has told me.

Maxwell y funcionó muy bien. Hasta que el Presidente Municipal pensó que era muy buen negocio y nos echó pa' fuera. Sin decir nada rompió la puerta y tomó posesión.

Yo soy escritora. Escribí un cuento de San Miguel, sobre la Independencia. Es ficción. Mis antepasados fueron de los independientes con Allende. Incluí a mi tatarabuelo que se quedó a cargo de San Miguel el Grande después de que pasaron los insurgentes, para darle crédito. Casi toda mi inspiración viene de las historias que se han contado en familia.

Maruja González in her art studio, 1986.

Jim Hawkins

Jim Hawkins

I was born in Caspian, Michigan, in 1927. My father was a mining engineer, which meant the family was always moving around. We never stayed in one place very long. During the Depression, my father couldn't find work and ended up going to the Philippine Islands. We didn't go with him. Instead, my mother took us to live with her family in Portland, Oregon, which is where I grew up.

Right after the end of the war, in 1945, I entered the Armed Forces, along with sixteen million other men and women. Even though I had wanted to, I couldn't have enlisted any sooner because of my age. I was part of a crew who flew aircraft engines from San Francisco over to the Admiralty Islands, and then came back with a full load of whiskey for the officers. After my service, I attended Reed College in Portland, where I studied painting, and eventually ended up with a scholarship to the Brooklyn Museum School of Art.

I heard about San Miguel from friends in New York, who had been here on the G.I. Bill. They talked about what a great place it was and thought I should visit. I was curious, so I took their advice and came down in 1954.

At that time, San Miguel had a population of around 11,000 people. It was mostly a ruin, neglected for decades—not the wealthy town of the 1800s it had once been. San Miguel was never a mining town; however,

Jim Hawkins

Nací en Caspian, Michigan en 1927. Mi padre era ingeniero de minas, lo que significaba que la familia siempre se estaba mudando de un lado a otro; nunca permanecimos en ningún sitio por mucho tiempo. Durante la Depresión mi padre no pudo encontrar trabajo y terminó yéndose a las Islas Filipinas. No fuimos con él sino que mi madre nos llevó a vivir con su familia en Portland, Oregon, donde crecí.

Justo después de la guerra, en 1945, me enlisté en las Fuerzas Armadas, junto con otros dieciséis millones de hombres y mujeres. Aunque hubiera querido ingresar antes, no habría podido, ya que era demasiado joven. Formé parte de una tripulación que transportaba por avión motores aeronáuticos desde San Francisco hasta las Islas del Almirantazgo, y que después regresaba con un cargamento rebosando de whiskey para los oficiales. Después del servicio militar, asistí al *Reed College* en Portland, donde estudié pintura y al cabo de un tiempo obtuve una beca para continuar mis estudios en la *Brooklyn Museum Art School* en Nueva York.

Oí hablar de San Miguel en Nueva York, por unos amigos que habían estado aquí becados por medio del *G.I. Bill*. Me hablaron de lo maravilloso que les parecía y me dijeron que debería conocerlo. Como sentí curiosidad, seguí su consejo y vine en 1954.

En aquel tiempo la población era aproximadamente de once mil habitantes. Se trataba más que nada de una ruina que había sido dejada al abandono durante décadas, y no el pueblo rico que había llegado a ser en el siglo XIX. San Miguel nunca fue un pueblo minero, sin embargo, como se encontraba en el cruce de caminos del comercio platero, aquí vivían y trabajaban muchos comerciantes exitosos.

Cuando llegué por primera vez, la mayor parte de las casas estaban deterioradas; yo diría que una de cada cinco casas tenía el techo derrumbado. Me encantaba caminar por las calles y sentir ese contraste tan grande con la ciudad de Nueva York.

Al principio, trabajé en grabado y litografía. Vivía en una pequeña pensión sobre Recreo, pero después me mudé al Hotel San Miguel, al final de la calle Hidalgo. Allí vivía un viejo español, Don Ramón, con María, su concubina—todo mundo se llamaba María en esa época. Yo vivía en un departamento de cuatro habitaciones, con un lugar para estacionar el

it was at the crossroads of the sliver trade, so many successful merchants lived and worked here.

When I first arrived, most of the homes were in disrepair; probably one out of every five had its roof caved in. I loved walking the streets and feeling the exaggerated contrast to New York.

At first, I worked in lithographs and printing. I lived in a small *pensión* on Recreo, but eventually moved to the Hotel San Miguel at the end of Hidalgo. There was an old Spaniard living there named Don Ramon with his concubine Maria—everyone was named Maria back then. I had a four-room apartment, a place for my car and two meals a day for twenty pesos. You could get by with very little money.

Social life in the '50s consisted mostly of private parties. Back then, people tried harder to integrate the Mexican and American communities. Most of my friends were painters, writers, and artists; however, I spent the majority of my time with my future wife, Carmen Masip. She was really my best friend. I met her when she was selling concert tickets at the pension, where I first stayed. Carmen was visiting her mother and studying painting at the Instituto Allende. I remember one of the first things she told me that impressed her about me was the fact that I knew about painting and could talk to her about all the famous artists. She was adventurous for a Spanish girl; we spent a lot of time riding and swimming. We were married in 1955.

Carmen's father was editor of three of the most important newspapers in Spain and ran one of them during the civil war. After the revolution, when Franco came to power, Paulino Masip (Carmen's father) was high on the hit list. They fled Spain and ended up in Paris. In 1939, President Cárdenas invited Spanish refugees to come to Mexico, where they were made citizens upon arrival. So, that's what Carmen's family did. After settling in Mexico, her father wrote movie scripts. He wrote about sixty of them during the Golden Age of Mexican film. Their family would come to San Miguel for extended periods, so he could work in a peaceful environment.

We were very busy from the beginning of our marriage. One of the first things we did was to buy an old ruin on the corner of Insurgentes and Reloj and open it as a language school named the Academia Hispano Americana (currently located on Mesones). Our first classes were limited to eight students, which consisted mostly of our foreign friends. Then

coche y dos comidas diarias por veinte pesos. Se podía vivir por poquísimo dinero.

En los 50's la vida social consistía en su mayoría de fiestas privadas. En ese entonces la gente se esforzaba más por integrar la comunidad mexicana con la americana. La mayoría de mis amigos eran pintores, escritores y artistas, pero la mayor parte del tiempo lo pasaba con mi futura esposa, Carmen Masip. En realidad ella era mi mejor amiga. La conocí un día cuando ella estaba vendiendo boletos para un concierto en la pensión en la que me hospedé al principio. Carmen estaba visitando a su mamá aquí y estudiando pintura en el Instituto Allende. Recuerdo que una de las primeras cosas que me mencionó que le impresionaron de mí fue que yo sabía de pintura y podía hablarle sobre todos los pintores famosos. Para una chica española era aventurera; pasábamos mucho tiempo montando a caballo y yendo a nadar. Nos casamos en 1955.

El padre de Carmen fue director de tres de los periódicos más importantes de España, y dirigió uno de ellos durante la guerra civil. Una vez terminada la guerra, cuando Franco ya había tomado el poder, Paulino Masip (el padre de Carmen) era una de las personas a quienes hubieran querido fusilar en seguida. Él y su familia lograron huir de España y terminaron en París. En 1939, el Presidente Cárdenas invitó a los españoles exiliados a refugiarse en México, y a todos los que vinieron les otorgó la nacionalidad mexicana al llegar. Eso fue lo que hizo la familia de Carmen. Al instalarse en México, su padre se dedicó a escribir guiones de cine, y escribió alrededor de sesenta durante la Época Dorada del cine mexicano. La familia solía pasar largos períodos en San Miguel para que él pudiera escribir en un ambiente tranquilo.

Estuvimos muy ocupados desde el principio de nuestro matrimonio. Una de las primeras cosas que hicimos fue comprar una casa en ruinas en la esquina de Insurgentes y Reloj para abrir una escuela de español llamada Academia Hispano Americana (ahora está en la calle Mesones). Nuestros primeros grupos consistían en ocho alumnos por aula, de los cuales la mayoría eran nuestros amigos extranjeros. Más tarde, empezamos a recibir a muchos estudiantes universitarios de todas partes de EUA. Yo ayudaba con las decisiones ejecutivas, pero Carmen era la administradora. Pasado un tiempo, contratamos a un director para que mi esposa pudiera dedicarse a su trabajo como directora de Bellas Artes, en donde trabajó durante treinta y dos años. Para entonces yo ya mostraba síntomas

Jim Hawkins with wife Carmen Masip and daughter Paulina, 1960.

we started to get lots of college-aged kids from all over the U.S. I helped with the executive decisions; however, Carmen was the administrator. Eventually, we hired a manager, so my wife could devote more time to her job as the director of Bellas Artes, where she worked for thirty-two years. By then, I was suffering the signs of becoming an expatriate, without even realizing it. I've often wondered about how many people become expatriates without ever intending to.

During those same years, we were very active in helping set up the library. There was a friend of Carmen's, an older American woman named Helen Wale. She lived on Hospicio and always kept a window open on the street where she would put books and magazines. Kids that passed by would leaf through them. If they asked, she would let them come into her living room to look at whatever they wanted to. There was so much interest that it inspired her to buy the house next door and start a children's library—that's how it began.

When my wife and I opened San Miguel's first bookstore, El Colibrí, in 1959, we bought the basic books at a discount for the library. In the late '50s, the library moved to Insurgentes (its current location), because of Betty Bevings, whose boyfriend at the time was the ex-governor of Guanajuato. She got that building through his political influence. It had been the town's slaughterhouse for years and they managed to get a 99-year lease.

During this time, the Ángela Peralta Theater, which a few years before had ceased to be a movie theater, began to function again as a theater. We organized plays and concerts there with a small group of friends.

de ser un expatriado. A veces me he preguntado cuánta gente se ha vuelto un expatriado sin habérselo propuesto jamás, como fue mi caso.

Durante esos mismos años estuvimos muy involucrados en la fundación de la Biblioteca Pública. Había una amiga de Carmen, una mujer mayor norteamericana que se llamaba Helen Wale. Ella vivía en la calle Hospicio y siempre tenía abierta una ventana que daba a la calle, en la que colocaba algunos libros y revistas. Los niños que pasaban por su ventana solían detenerse a hojear esos libros y revistas a través de los barandales, y a los que se lo pedían, los dejaba entrar a su sala para que miraran todo lo que quisieran. Era tanto el interés que mostraban que Helen terminó comprando la casa de al lado y abrió una biblioteca infantil—y así fue cómo empezó.

Cuando mi esposa y yo abrimos El Colibrí en 1959—la primera librería en San Miguel, también comprábamos los libros básicos para la Biblioteca, con un descuento. A finales de los años cincuenta ésta se mudó a su dirección actual en Insurgentes, gracias a Betty Bivings, cuyo novio en aquel momento era un ex gobernador del estado de Guanajuato. Durante años aquel edificio había sido el rastro municipal pero ella consiguió que a la Biblioteca le dieran un contrato por noventa y nueve años.

Durante este tiempo, el Teatro Ángela Peralta, que hacía varios años había dejado de ser cine, volvió a funcionar como teatro y junto con un pequeño grupo de amigos, se presentaron muchas obras de teatro y conciertos.

Cuando el ayuntamiento nos quitó el teatro, empezamos con el Festival de Música de Cámara, que Carmen cofundó con Tom Sawyer y dirigió hasta su muerte en 2004. Cuando lo empezamos en 1978, yo iba de casa en casa vendiendo boletos. Tom Sawyer trabajaba en el Festival, seleccionando a los músicos. Él había sido violinista aficionado en Nueva York, y tenía algunas conexiones en el mundo de la música clásica. El primer Festival incluyó al *Fine Arts Quartet*, uno de los mejores cuartetos de EUA y a varios músicos mexicanos. Fue difícil empezarlo debido a la falta de recursos económicos, y la venta de boletos también era limitada debido al tamaño pequeño del teatro…y sin embargo, mira dónde está actualmente.

A través de los años varias personas han intentado entrevistarme respecto a Neal Cassady. De alguna forma se corrió la voz de que yo lo vi el día en que murió. Sencillamente él era un hombre muy locuaz, ya que siempre estaba drogado con anfetaminas. Llegó al pueblo a principios de los '60s y a veces se unía a nuestro juego semanal de póker.

When the city council took the theater away, we began the Chamber Music Festival, which Carmen founded with Tom Sawyer and directed until her death, in 2004. In the beginning, I would go door-to-door selling tickets. Tom Sawyer worked with us booking artists; he was an amateur cellist from New York and had some connections in the world of classical music. The first festival included the Fine Arts Quartet, one of the best quartets in the U.S., as well as various Mexican musicians. It was hard to get started in the beginning, due to lack of funds. Ticket sales were also limited because of the small theater…but look where it is today.

Many people have tried to interview me over the years about Neal Cassady. Somehow word got out that I saw him on the day he died. He was just another guy that was very loquacious, because he was always on amphetamines. He came to town in the early '60s and sometimes joined our weekly poker game.

One night, he came down and stayed with us until around midnight. When he left, he said he was going to count the railroad ties between San Miguel and Celaya. He did just that, and fell and hit his head and died. People have tried to turn it into a mystery, but there's no mystery about it.

San Miguel has been an evolution. The character of the town really hasn't changed that much. It's just an expansion of what it was once.

*Although in seemingly good health, James Milner Hawkins died suddenly in his sleep, at the age of eighty-two, four days after giving this interview.

Una noche llegó y se quedó con nosotros como hasta la medianoche. Cuando ya se iba, dijo que iba a ir a contar los durmientes de la vía del tren entre San Miguel y Celaya. Pues eso fue precisamente lo que hizo, y se tropezó y al caer, se golpeó la cabeza y falleció. Muchos han tratado de convertir esta historia en un misterio o mito, pero no tiene misterio alguno.

San Miguel ha sido una evolución. El carácter del pueblo en realidad no ha cambiado tanto. Es una expansión de lo que una vez fue.

*James Milner Hawkins murió repentinamente en su cama, estando en buena salud, a los ochenta y dos años de edad. Esta entrevista fue realizada cuatro días antes de su fallecimiento.

Erv Kaczmarek

Erv Kaczmarek with one of his paintings, 1970s.

I first heard of San Miguel from a friend's sister. It was 1961 and she had been here on vacation, returning to Milwaukee with brochures and pictures. I was fascinated with her stories about the great art scene in Mexico and all the young artists.

I was attending a private art school at the time. It was a good school, but we didn't feel like we were getting the education we deserved, so a bunch of the students, along with some of the instructors, wrote a manifesto of what we expected. When they turned it down, we had no idea what to do. Then, a friend said, "Hey, let's go to Mexico." I thought it sounded great, so a few of us worked that summer, saved up some money and bought a 1950 Chevy and headed to San Miguel.

We drove into town that September, found the Instituto, parked the car by the hotel out back and slept on the lawn that night. The next morning, we registered for classes.

There were a lot of students and it was an exciting place to be. The teachers—Jim Pinto, Dieter Kortland, Fred Samuelson—were all very good and really wanted to be there. After one semester, I had to return home because my money had run out. Before leaving, I applied for one

Erv Kaczmarek

La primera vez que supe de San Miguel fue en 1961 por la hermana de una amiga mía. Ella había estado aquí de vacaciones y regresó a Milwaukee con folletos y fotos. Me fascinaron sus historias sobre el gran ambiente artístico de México y todos los artistas jóvenes que vivían ahí.

En ese tiempo yo estudiaba arte en una escuela privada. Aunque era una buena escuela, sentíamos que no estábamos recibiendo la educación que merecíamos, así que un grupo de estudiantes junto con algunos maestros, escribimos un manifiesto de lo que esperábamos. Cuando éste fue rechazado, no teníamos la menor idea de adónde iríamos. En eso, un amigo dijo: "Oigan, vámonos a México". A mí me pareció muy buena idea y ese verano, algunos de nosotros nos pusimos a trabajar, ahorramos algo de dinero, compramos un Chevy de 1950 y nos encaminamos a San Miguel.

Ese septiembre llegamos al pueblo, encontramos el Instituto, estacionamos el carro cerca del hotel que estaba en las afueras y esa noche dormimos en el prado. A la mañana siguiente nos inscribimos para tomar clases.

Había muchos estudiantes y era muy emocionante estar en ese lugar. Todos los maestros—Jim Pinto, Dieter Kortland, Fred Samuelson—eran excelentes y se notaba que estaban felices ahí. Después de un semestre tuve que regresarme porque se me había acabado el dinero, pero antes de salir solicité una de las diez becas que ofrecían y cuando me enteré de que la había conseguido, volví casi de inmediato.

En ese tiempo, Stirling Dickinson era la fuerza que le daba impulso al Instituto. Sin él, la escuela no habría existido. Sobre su escritorio había siempre una enorme pila de cartas y él contestaba cada una de ellas para procurar que siempre hubiera nuevos estudiantes. En realidad, Stirling me compró la primera pintura que vendí en mi vida.

Después de dos años en el Instituto, Stirling me preguntó si quería que se me extendiera la beca, pero yo estaba muy ansioso por comenzar mi propio estudio y me salí. Compartí un lugar muy espacioso en una casa antigua con el escultor Jesús Méndez y exponía mis obras en la nueva galería de los Samuelson. Ellos acababan de abrirla con Leonard Brooks y su esposa Reva, así como con los Kortland. Aparte del Instituto, ése era el único lugar para exposiciones que había en el pueblo. Poco a poco,

of the Instituto's ten scholarships and when I found out that I had gotten it, I returned almost immediately.

Stirling Dickinson was the driving force behind the Instituto at the time. The school wouldn't have existed without him. He always had a big stack of letters on his desk and answered every one of them, making sure there were always new students coming in. Stirling actually bought the first painting I ever sold.

After two years at the Instituto, Stirling asked me if I wanted an extension on my scholarship, but I was anxious to start my own studio and left. I shared a large space in an old house with Jesús Méndez, the sculptor, and showed my work at the Samuelsons' new gallery. They had just started it with Leonard Brooks and his wife, Reva, as well as the Kortlands. It was the only place in town, beside the Instituto, for shows. Little by little, my work starting selling, with tourists and some locals who still collect my paintings.

Cheap, exotic, friendly, and warm—that was San Miguel. I had no desire to return to Milwaukee. I was surrounded by people who were working and painting just like me, and I did everything I could to stay. You could rent an old colonial home for two to three hundred pesos a month and then spend almost nothing on food.

The '60s was a great time here. There were only about 50,000 people and maybe six taxis. Everyone lived in the center of town; there were no colonias. The place was so small you really got to know each other. There were two bars: the Cucaracha and El Patio, as well as a restaurant on Organos run by La Turca, a woman from Veracruz who had the bordello next door until prostitution was declared illegal. She still provided girls on the sly, but her place was legitimate, with good coffee from her home state, and great pecan pie. Men took their wives there; it was a local hangout.

You always dropped into these places to find out where the parties were. Then, everyone would meet at someone's house. That's how I met my wife Lupe during my second year in town. It was difficult to date Mexican girls back then because San Miguel was very conservative. The two communities were integrated, but the cultures were very different. However, a few years after that, everything opened up tremendously.

We started a baseball team called "the Mob." It was a bunch of expat writers and painters. After our first few losses most of the team disbanded, but I stayed on with Stirling and a few others. As part of a now mostly

mis obras comenzaron a venderse entre los turistas y algunos locales que todavía coleccionan mis pinturas.

Barato, exótico, amigable y cálido—eso era San Miguel. Yo no tenía el menor deseo de regresar a Milwaukee. Estaba rodeado de gente que trabajaba y pintaba, igual que yo, e hice todo lo que pude por quedarme. Uno podía rentar una antigua casa colonial por doscientos o trescientos pesos al mes y no gastar casi nada en comida.

Aquí, los 60's fueron una época maravillosa. Sólo había unos cincuenta mil habitantes y tal vez seis taxis. Todo mundo vivía en el centro; no había colonias. El lugar era tan pequeño que realmente todos nos conocíamos. Había dos bares: la Cucaracha y El Patio, y también un restaurante en Órganos que era de La Turca, una mujer de Veracruz que tuvo un burdel al lado, hasta que la prostitución fue declarada ilegal. Ella siguió consiguiendo mujeres secretamente, pero su lugar era legítimo, con buen café de su estado nativo y un delicioso pay de nuez. Los hombres iban ahí con sus esposas; era un sitio muy popular entre los locales.

Uno siempre iba a esos lugares para saber en dónde había fiestas. Entonces todos nos reuníamos en casa de alguien. Así es como conocí a Lupe, mi esposa, durante mi segundo año en el pueblo. En esa época era difícil salir con chicas mexicanas porque San Miguel era muy conservador. Las dos comunidades estaban integradas, pero las culturas eran muy diferentes. Sin embargo, unos años después, se dio una apertura increíble.

Organizamos un equipo de *baseball* llamado *the Mob* (La Turba). Estaba formado por un montón de escritores y pintores expatriados. Después de nuestras primeras derrotas, la mayoría de los jugadores se fueron, pero yo me quedé con Stirling y algunos otros. Como integrantes de un equipo que ahora era mexicano en su mayoría, cada domingo visitábamos una ciudad diferente —Querétaro, Celaya, Comonfort— en donde jugábamos contra el equipo local y después íbamos por carnitas y cervezas.

También pasaba muchos fines de semana en la Ciudad de México, en donde el ambiente artístico estaba en auge. Conocí un grupo de pintores que se llamaban a sí mismos "La Generación de la Ruptura"—José Luis Cuevas, Manuel Felguérez, Gunther Gerzo y otros artistas que se rebelaban contra "La Cortina de Cactus", nombre que le daban a la vieja escuela de artistas más conservadores. Cuevas fue también el que bautizó la colonia donde nos reuníamos como la "Zona Rosa". Todos eran para mí una inspiración y me emocionaba estar cerca de ellos. Parecía

Mexican team, we went every Sunday to a different town—Querétaro, Celaya, Comonfort—where we played against the local guys, then went for carnitas and beer.

I also spent many weekends in Mexico City, where the art scene was flourishing. I met a bunch of painters who called themselves "The Ruptured Generation"—José Luis Cuevas, Manuel Felguérez, Gunther Gerzo and other artists that rebelled against the "Cactus Curtain," which was the name for the older school of more conservative artists. Cuevas was also the one who baptized the area we hung out in the "Zona Rosa." They were an inspiration and exciting to be around. It seemed like a pivotal point in history, at least in the Mexican art scene.

Lupe and I got married in '64 and had two children, Miguel and Marcela. I started working for Casa Maxwell. I was their arts and crafts buyer for over twenty years, traveling around Mexico looking for new artists and products. It was a great way to get to know the country. Then I returned full-time to painting and teaching, working at Bellas Artes for about eight years. At first, I didn't think I had anything to offer my students, but soon realized I had learned from some of the best, and now I was the person who could relay their instruction to a new generation.

I'm really glad I made the decision to stay in San Miguel. I could have gone to New York and tried to make it, like many of my friends, but then I wouldn't have had the opportunities I've had in Mexico. Both of my children live in town, so we're able to spend lots of time with them and the grandchildren. I still paint most days and basically just enjoy the life I've created here.

un punto clave de la historia o cuando menos, de la escena artística mexicana.

Lupe y yo nos casamos en '64 y tuvimos dos hijos, Miguel y Marcela. Entonces comencé a trabajar en Casa Maxwell. Fui jefe de compras de arte y artesanías por más de veinte años, en los que viajé por todo México en busca de nuevos artistas y productos. Fue una excelente manera de conocer el país. Luego volví a dedicarme de tiempo completo a la pintura y la enseñanza. Trabajé en Bellas Artes cerca de ocho años. Al principio pensé que yo no tenía nada que ofrecer a mis estudiantes, pero pronto me di cuenta de que había aprendido de algunos de los mejores y ahora yo era la persona que podía transmitir sus enseñanzas a la nueva generación.

Estoy muy contento de haber tomado la decisión de quedarme en San Miguel. Pude haberme ido a Nueva York para tratar de hacerla, como muchos de mis amigos, pero entonces no habría tenido las oportunidades que he tenido en México. Aquí viven mis dos hijos, así que podemos pasar mucho tiempo con ellos y nuestros nietos. Todavía pinto casi todos los días y básicamente disfruto de la vida que he creado en este lugar.

Betty Kempe

Betty Kempe by Jane Evans.

I arrived in San Miguel for the first time in 1956 when a girlfriend and I were touring central Mexico by car. Jim Phillips, a friend of mine from Ft. Worth, had suggested we stop for a few days. He was a writer who had lived here for a short time in the late '40s and made it sound so magical. We stayed at the San Francisco Hotel and within twenty-four hours, I knew I had to come back.

I was widowed early. My husband died in a car accident and I was raising three young girls alone. The year after my initial visit to San Miguel, I decided to bring my children to Mexico for the summer. We stayed at the Instituto hotel and had a wonderful time. The town was very quiet but also full of interesting and talented people. My children could walk the streets by themselves without any problems. It was so safe.

I didn't want to leave when summer was over, but I was worried about schooling for the girls. Luckily someone told me about Augusta Irving. She had a one-room school where she taught Mexican and American children of all ages in English. This was all I needed to encourage me to set down roots in San Miguel. We ended up staying for two years.

In the early ex-pat days, most people didn't have any money, so there was a lot of bonding in that respect. For parties, which happened almost

Betty Kempe

Llegué a San Miguel por primera vez en 1956 cuando una amiga y yo estábamos viajando en coche por el centro de México. Jim Phillips, un amigo mío de Fort Worth, había sugerido que nos quedáramos unos días. Él era un escritor que, a finales de los 40's, había vivido aquí un corto tiempo y lo describió como un lugar mágico. Nos quedamos en la Posada de San Francisco y después de veinticuatro horas, supe que tenía que volver.

Yo había enviudado joven. Mi esposo falleció en un accidente automovilístico y yo estaba criando sola a tres niñas pequeñas. Al año de mi visita inicial a San Miguel, decidí traer a mis hijas a México durante el verano. Nos quedamos en el hotel del Instituto y la pasamos de maravilla. El pueblo era muy tranquilo, pero también lleno de gente interesante y talentosa. Mis hijas podían andar solas en la calle sin ningún problema; era muy seguro.

Cuando terminó el verano, yo no quería irme, pero me preocupaba la escuela de las niñas. Afortunadamente, alguien me habló de Augusta Irving. Ella tenía una escuela con un salón de clases, en donde enseñaba en inglés a niños mexicanos y norteamericanos de distintas edades. Esto era todo lo que yo necesitaba para animarme a echar raíces en San Miguel. Terminamos quedándonos dos años.

En los primeros tiempos de los expatriados, la mayoría de la gente no tenía dinero, así que había mucho compañerismo en ese sentido. Para las fiestas, que se daban casi a diario, la gente rentaba sillas y mesas de El Infierno en Mesones. Nadie tenía muebles pues los departamentos disponibles se rentaban prácticamente vacíos. La comida era mexicana y sencilla, pero siempre deliciosa.

En San Miguel conocí a Gordon Kempe, mi segundo esposo. Él era un escritor de viajes. Muy pronto nos mudamos a Europa y vivimos en Alemania y España, pero a menudo yo pensaba en regresar a San Miguel—sólo tenía que esperar hasta que las muchachas terminaran sus estudios. Cuando Gordon y yo nos divorciamos, decidí inscribirme en una escuela de hotelería en Suiza—una de las mejores de Europa—mientras Kiki, mi hija menor, terminaba la secundaria en el mismo pueblo.

Mi sueño era abrir una pequeña casa de huéspedes en San Miguel, como lo había hecho Fleta McFarland. Ella era una residente de mucho

daily, people would rent chairs and tables from El Infierno on Mesones. No one owned any furniture and the available apartment rentals came practically empty. The food was simple and Mexican but always delicious.

I met my second husband, Gordon Kempe, in San Miguel. He was a travel writer. We soon moved to Europe, living in Germany and Spain, but I often thought of returning to San Miguel—I just had to wait until the girls finished their education. When Gordon and I divorced, I decided to enroll in hotel school in Switzerland, one of the finest in Europe, while my youngest daughter, Kiki, was finishing high school in the same town.

My dream was to open a small B&B in San Miguel, like Fleta McFarland had done. Fleta was a long-time resident who arrived on horseback with her husband Mac in the 1930s. She opened her home to guests after Mac died of lockjaw, which he got while tending his rose garden. At the time, there wasn't a doctor in town who could give him a tetanus shot. In those days, you couldn't just drive to Querétaro to go to the hospital. The guests kept Fleta company and provided her with a little extra income. Her place was the meeting point of the ex-pats in the '50s. A group would gather every morning at 11:00 and discuss everything that was going on with a cup of coffee, or sometimes, their first drink of the day. There were no newspapers or television, so this is how we kept up with everything. It was always so much fun and I wanted to create a similar environment.

Betty Kempe in the kitchen of the Villa Santa Mónica, 1973.

In 1967, I returned to Mexico alone, on a steam freighter, which arrived at the Port of Veracruz. I had brought my own Volkswagon Bug with me from Europe, so I could make the drive to San Miguel. Once settled, I started looking for the perfect property for my hotel. I ended up buying the former home of José Mojica, a famous Mexican opera singer

tiempo que había llegado a caballo en los 30's con su esposo Mac. Después de la muerte de Mac, a causa del tétano que contrajo trabajando en su jardín de rosas, ella abrió su casa de huéspedes. No había entonces doctores en el pueblo que pudieran aplicarle una vacuna. En esos días uno no podía manejar

Augusta Irving's one room schoolhouse with students Georgann and Christina Johnson, 1958.

así como así a Querétaro para ir al hospital. Fleta tenía la compañía de los huéspedes y un pequeño ingreso extra. Su lugar era el punto de reunión de los expatriados en los 50's. Todas las mañanas a las 11:00 se reunía un grupo para discutir todo lo que pasaba, tomando café o a veces, la primera copa del día. No había periódicos ni televisión, así que ésta era la manera de mantenerse informado. Era siempre muy divertido y yo quería crear un ambiente parecido.

En 1967 regresé sola a México en un barco de vapor que llegó al Puerto de Veracruz. Había traído mi propio Volkswagen de Europa, así que pude manejarlo hasta San Miguel. Una vez instalada, comencé a buscar el lugar perfecto para mi hotel. Terminé comprando la casa que le perteneció al famoso cantante de ópera y estrella de cine, José Mojica. Originalmente había sido una gran hacienda construida en 1793 por uno de los antiguos poseedores de minas de plata. En 1935, Mojica la compró como ruina y pasó dos años restaurándola. Supuestamente fue el escenario de muchas espléndidas fiestas para la gente de cine de la Ciudad de México. Cuando la madre de Mojica murió en 1942, él ingresó al sacerdocio, que era en realidad lo que su madre soñaba para él. Así que le legó sus bienes a la iglesia y la hacienda fue vendida.

Cuando compré la casa que se convertiría en la Villa Santa Mónica, se encontraba nuevamente en pésimas condiciones. Había mucho trabajo que hacer. La plomería era casi inexistente y la remodelación tardó más de un año.

and movie star. Originally, it had been a large hacienda built in 1793 by one of the early silver mining barons. Mojica bought it as a ruin in 1935 and spent two years restoring it. Supposedly, it was the setting of many wonderful parties for the movie crowd from Mexico City. When Mojica's mother died in 1942, he entered the priesthood, which was actually her dream for him. He bequeathed his wealth to the church, and the hacienda was sold.

When I bought the house, which was to become the Villa Santa Mónica, it was in disrepair once again. We had to do a lot of work. The plumbing was almost non-existent and the renovations took over a year.

I opened my hotel with just three rooms. We didn't have a public restaurant at the time, but served three meals a day to our guests. Locals would sometimes call and make dinner reservations. We had a self-service antique bar on the patio, which was fully stocked. Guests would make their own drinks and sign a ledger, since we didn't have a liquor license. Everything was very casual, which is what people liked. It was more like a private club, with the same guests returning every year and staying for at least a month.

My first year in business, I invited my daughter's French housemother, Madame Claude, to come and teach my staff how to cook. Once word got out, many ex-pats wanted to come and take classes. After she left, the group was having so much fun that we turned it into a cooking club. We would get together almost every week and prepare a wonderful comida. My cookbook, "Artists in the Kitchen," has many of the recipes we used.

After ten years of having a hotel, I converted part of it into apartments, to make life a little easier. It had been a lot of fun, but also a lot of work. I sold the hotel in 1985. I hadn't had any free time in years and wanted to travel and visit family.

I'm now ninety-two years old, but still keep busy. I take painting classes at the Bellas Artes three times a week, as well as practice yoga and work in my garden. I miss the old San Miguel; the feel of the town is now different—too many people, too many cars.

Patio of Villa Santa Mónica, 1972.

Para comenzar, abrí mi hotel con sólo tres habitaciones. En ese tiempo no teníamos un restaurante abierto al público, pero servíamos tres comidas al día para nuestros huéspedes. A veces los locales hacían reservaciones para cenar. Teníamos en el patio un mueble cantinero antiguo, muy bien surtido, donde los huéspedes podían preparar sus propias bebidas y como no teníamos licencia para alcoholes, sólo firmaban una nota. Todo era muy informal, que era lo que le gustaba a la gente. Era más bien como un club privado al que los mismos huéspedes regresaban cada año y se quedaban por lo menos un mes.

Durante mi primer año en el negocio, invité a Madame Claude, la encargada de la residencia de estudiantes de mi hija, para que viniera a darle clases de cocina francesa a mi personal. Cuando se corrió la voz, muchos de los residentes quisieron venir a tomar las clases también. Cuando Madame Claude se fue, el grupo la estaba pasando tan bien que lo volvimos un club de cocina. Nos reuníamos casi todas las semanas y preparábamos una espléndida comida. En mi libro *Artistas en la Cocina* aparecen muchas de las recetas que usamos.

San Francisco Street, 1944.

Después de diez años de tener un hotel, convertí parte de éste en departamentos, para hacerme la vida más fácil. Había sido muy divertido, pero también mucho trabajo. Vendí el hotel en 1985. Yo no había tenido tiempo libre en años y quería viajar y visitar a mis familiares.

Ahora tengo noventa y dos años, pero todavía me mantengo ocupada. Tres veces por semana tomo clases de pintura en Bellas Artes y también practico yoga y trabajo en mi Jardín. Extraño el viejo San Miguel. Ahora el ambiente del pueblo es diferente—hay demasiada gente, demasiados coches.

José Luna Uribe & Berta Vázquez Espinosa

José Luna Uribe and Berta Vázquez Espinosa by Leonardo Luna Vázquez.

José: Berta and I arrived to San Miguel from Mexico City in June of 1975. She wanted to dedicate herself to painting, and I wanted to write.

Berta: In those days, the town was very Bohemian. We visited a few times and since we liked small places that weren't boring, San Miguel was perfect. It had an interesting community and cultured people.

José: We wanted to have an alternative life and only make enough money to survive. Our plan was to take over a small restaurant named Adriano's. It was on the left of the entrance to what's now Mama Mia and only had five tables. The rest of the large house was a hotel named Posada de la Fuente. The owner of the restaurant was an Italian who had visa problems and had to leave the country quickly.

We bought the restaurant knowing it was bad, but thought we could fix it. We didn't have any cooking or restaurant experience, nothing. We lived upstairs in a small room on the roof.

I clearly remember our first customer. We were told that the only good thing about the restaurant was the chef, and we felt confident about this. But when he made his first dish, it was horrible. I had to tell him that I couldn't serve it. I then explained this to the customer, offering him a glass of wine while the chef made the dish again. When he produced another horrible plate, I had to tell my customer the truth—that they had

José Luna Uribe y Berta Vázquez Espinosa

José: Berta y yo llegamos a San Miguel de la Ciudad de México en junio de 1975. Ella quería dedicarse a pintar y yo a escribir.

Berta: En esa época el pueblo era un lugar muy bohemio. Lo visitamos varias veces y como nos gustaban los lugares pequeños pero no aburridos, San Miguel era perfecto. Tenía una comunidad interesante y gente con un nivel más cultural.

José: Queríamos tener una vida alternativa y solamente ganar lo suficiente para sobrevivir. Nuestro plan fue alquilar un restaurancito que se llamaba Adriano's. Estaba a la izquierda de la entrada de lo que ahora es Mama Mia y tenía solo cinco mesas. La otra parte de la casona era un hotel que se llamaba Posada de la Fuente. El dueño del restaurante era un italiano que, por no tener su visa en regla, tuvo que salir del país rápidamente.

Compramos el restaurante sabiendo que estaba en mal estado pero pensamos que podíamos arreglarlo. No teníamos ninguna experiencia en cocina, o en restaurantes, nada. Vivíamos allí mismo, arriba, en un pequeño cuarto en la azotea.

Recuerdo muy bien a nuestro primer cliente. Como nos dijeron que el chef de Adriano's era lo único que valía la pena del lugar, nos sentíamos muy confiados. Pero cuando él preparó el primer plato era una cosa horrible. Le dije que no podía servirlo. Entonces le expliqué al cliente y le ofrecí una copa de vino de cortesía mientras el chef volvía a preparar el plato. Cuando hizo otro plato igual de horrible tuve que decirle la verdad a mi cliente—que me habían dicho que el chef sabía cocinar pero no era cierto.

Berta: Nosotros no sabíamos cocinar tampoco. Entonces despedimos el chef y llamamos a un amigo que estaba en los Estados Unidos que se llama Paul Schatz y que es buen cocinero. Él vino a ayudarnos de inmediato. Nos dio un curso intensivo de cocina italiana—su mamá era italiana. Aprendimos lo básico y empezamos: yo en la cocina y José atendiendo las mesas.

José: Como pronto vimos que a mí no me dejaban propina, decidimos cambiar de puesto y Berta salió a atender las mesas y yo me dediqué a cocinar. Seguimos así por un tiempo hasta que un día llegó una familia que quería celebrar una fiesta y traer música en vivo. Fueron a buscar

told me the chef knew how to cook, but it wasn't true.

Berta: We didn't know how to cook either. So, we fired the chef and called our friend Paul Schatz in the States. He was a good cook and he immediately came to help us. Paul gave us an intensive Italian cooking course—his mother was Italian. We learned the basics and I started cooking while José waited on tables.

José: Soon, we noticed that people weren't leaving tips, so we switched places—Berta waited on tables, and I was in the kitchen. We continued this way for a while until one day a family arrived that was celebrating and wanted to bring in live music. They went to look for musicians, but couldn't find any—back then mariachis weren't in the Jardín like today. Berta said, "Why don't you sing?" (I had earned money singing in college.) So, I brought down my guitar to sing and became a musician.

Berta: We got a friend to work in the kitchen, but sometimes, when we had people, José would have to help.

José: I would sing from the kitchen window. In the afternoon, I would also sing and play the guitar sitting on the curb outside of Mama Mia. I really enjoyed it.

Berta: The ambience became very Bohemian when José began to sing. Later, we brought in another incredible troubadour named Octavio. That's when a lot of people started to arrive. Other musicians who played in different places came after work and we always partied until three in the morning.

José Luna singing in Mama Mia, 1970s.

We had a lot of fun. We had customers from the very beginning because there wasn't much competition—Bugambilia, El Patio, Osteria del Parque, La Fragua, Pan y Vino, but one day after three or four years of working very hard I said to José, "You don't write. I don't paint. We're only making money and that's not why we

músicos pero no encontraron a ninguno —en aquel tiempo no estaban los mariachis como hoy, en el Jardín. Entonces Berta me dijo: "¿Por qué no cantas tú?" (Yo ganaba dinero en la universidad cantando.) Así que bajé a cantar con mi guitarra y pasé a ser músico.

Berta: Conseguimos a una amiga para que trabajara en la cocina pero a veces cuando había gente, José tenía que ayudar.

José: Yo cantaba desde la ventana de la cocina. Algunas tardes me sentaba en la calle, a la entrada de Mama Mia y tocaba la guitarra. Lo disfrutaba mucho.

Berta: Cuando José empezó a cantar, el ambiente se volvió muy bohemio. Después trajimos otro trovador increíble que se llamaba Octavio. Fue cuando empezó a llegar más gente. Otros músicos que tocaban en diferentes locales venían después de su trabajo y siempre terminábamos en una fiesta hasta las tres de la mañana.

La verdad nos divertíamos mucho. Tuvimos gente desde un principio porque no había mucha competencia—Bugambilia, El Patio, la Hostería del Parque, La Fragua, Pan y Vino. Pero después de tres o cuatro años de trabajar muy duro, llegó un momento en que le dije a José: "Tú no escribes, yo no pinto, solamente ganamos dinero pero eso no es por lo que vinimos. Entonces vámonos de aquí."

José: Yo no quería regresar años más tarde y lamentar lo que había hecho, así que llegamos más o menos a un pacto que nos dejaría seguir con nuestra dirección original. Decidimos salir con frecuencia y encargar el restaurante con amigos.

Berta: Pero cada vez que regresábamos el restaurante no la estaba haciendo bien y teníamos que levantarlo de nuevo. Unos años después la dueña del hotel quería deshacerse de él y nos lo traspasó.

José: El hotel era muy barato y poco a poco nos hicimos de una clientela de artistas muy agradables pero que no tenían dinero con qué pagar. A veces ni siquiera podían pagar su comida. Entonces nosotros los manteníamos con el dinero que ganábamos en el restaurante.

Un día vino un inspector del Departamento de Turismo y nos dijo que el hotel estaba muy mal y que teníamos que invertir mucho dinero o si no, lo iban a clausurar. Yo dije: "¡Perfecto! Vamos a clausurar" porque no sabíamos qué hacer con toda la gente adentro y que no podíamos echar a la calle. Les dijimos que iban a clausurar el hotel y se fueron todos. Así poco a poco, cambiamos el restaurante al patio.

Berta: Después de unos cinco o seis años abrimos un bar al frente. Era

came here. So, let's leave."

José: I didn't want to come back years later to regret what I had done, so we more or less came to an agreement that would let us follow our bohemian path. We decided then to leave frequently and let friends run the restaurant.

Berta: But every time we returned the restaurant wasn't doing well, not well at all and we had to revive it. A few years later, the owner of the hotel wanted to get rid of it, so we took over.

José: It was a cheap hotel and little by little we gained a clientele of very nice artists, but they didn't have any money and they couldn't pay. Sometimes they didn't even have money for food, so we took care of them with the money that we earned at the restaurant.

One day, an inspector from the tourist office came and said that everything was in bad shape and that we either had to make a major investment or they would shut it down. I said, "Great! Let's shut it down," because I didn't know what to do with the people in the hotel. I couldn't throw them out onto the street. When we told our guests that the hotel was going to be closed by city officials, everyone left. Then, little by little we moved the restaurant into the patio.

Berta: After about 5-6 years, we opened a bar in front. It was a hamburger place and when the owner decided to close, we took over and opened with a large table and a bar. We had live music with Pancho "el Gas"—he was a very important person in San Miguel's bohemian world. We also had groups like Pequeño Imo.

José: At the end of the '70s, a stranger came into the bar. It was a quiet night and I was working as the bartender. The man turned out to be Luis Rea Zacanini, an employee of the Public Prosecutor's Office. He told me that a man had fallen off a wall and that they had called the police who arrived without the truck they normally used to transport everyone from drunks to accident victims—it was broken. So, he then ordered them to take the injured man to the hospital in a taxi. However, an hour later, they told him that the taxi drivers refused to do it because he was bleeding badly and they were afraid that he would die in route with his "broken head." By the end of the day the man died. Rea was convinced that this could have been avoided if there had been an emergency medical service in San Miguel. That's when I proposed to him that we found a local branch of the Red Cross.

We invited prominent members of the community to the first meeting.

un lugar de hamburguesas y cuando el dueño decidió dejarlo, nosotros lo abrimos con una larga mesa y una barra. Teníamos música en vivo con Pancho "El Gas"—que era alguien muy conocido en la escena bohemia de San Miguel. También tocaban grupos como el Pequeño Imo.

José: A finales de los '70s un desconocido llegó al bar. Era una noche tranquila y yo estaba trabajando de cantinero. El hombre resultó ser Agente del Ministerio Público, se llamaba Luis Rea Zacanini. Me dijo que un hombre había caído de una barda y, como en San Miguel no había servicios médicos de emergencia, llamaron a la policía, que acudió al lugar sin la camioneta en que normalmente transportaban desde borrachos a víctimas de accidentes, ya que ese día estaba descompuesta. Él les ordenó que trasladaran al herido al hospital en un taxi pero una hora más tarde le avisaron que los taxistas se negaban a hacerlo ya que sangraba profusamente y temían que falleciera en el trayecto pues "tenía la cabeza rota". Al final del día el hombre murió. Rea estaba convencido de que esto podía haberse evitado si hubiera habido en San Miguel un servicio médico de emergencia. Entonces yo le propuse fundar el Comité Local de la Cruz Roja.

A la primera reunión invitamos a miembros prominentes de la comunidad. Ninguno de nosotros era nativo de San Miguel y era necesario que el presidente fuera una persona local que gozara de respeto en la comunidad. Alguien propuso al doctor Luis Gerez. Le explicamos que lo más importante era su reputación y su carisma, y que el trabajo lo realizaríamos nosotros.

Al poco tiempo de fundar el Comité, Maureen Earl, que entonces era residente, consiguió que un amigo suyo, dedicado a la compraventa de ambulancias en Nueva York donara una de ellas. Pero luego me dijo que haría la donación si asistíamos a su boda para recibirla. Berta y yo acudimos y ahí recibimos la donación. También compramos otra ambulancia y condujimos los dos vehículos hasta San Miguel. Resultó ser una gran aventura.

También en esta época llegó a San Miguel un grupo de italianos. Ellos abrieron un restaurante que se llamaba El Corto Maltese—que estaba en Jesús donde hoy se encuentra la lavandería Pila Seca. Funcionaba bien y tenía música en vivo. Entonces de repente, un día los dueños se fueron de San Miguel sin decir nada. De casualidad años después fuimos a una cena en Paris y ahí estaba Enzo, uno de los italianos. Él nos dijo que su nombre verdadero era Cesare Battisti y que él había sido uno de los terroristas de las Brigadas Rojas que mataron a varias personas. Estaba en

Neither of us was from San Miguel and it was necessary that the head of the organization be a local that the community respected. Someone proposed Dr. Luis Gerez. We explained to him that the most important thing was his reputation and charisma, that we would do the work.

Soon after the founding, Maureen Earl, a resident at the time, got a friend who sold ambulances in New York to donate one. He later told me that he would only make the donation if we went to his wedding to pick it up. So, Berta and I attended in order to receive the donation. We also bought another ambulance and drove both of them back to San Miguel. It was a big adventure.

Also, around this time a group of Italians arrived to town. They opened a restaurant named El Corto Maltese—it was on Jesús where the Pila Seca laundry is located today. It did well, also with live music. Then one day, all of a sudden, the owners left San Miguel without a word. Coincidentally, years later, we went to a dinner in Paris and there was Enzo, one of the Italians. He told us that his real name was Cesare Battisti and he was one of the Red Brigade terrorists that killed various people. He was in France living under the protection of François Mitterrand. (Later, due to pressure from the Italian government, he disappeared again, only to resurface in Brazil where he lives today.) Cesare told us that the entire group of Italians that arrived to San Miguel had been terrorists.

Berta: By the 80s, we had opened a Mama Mia in los Cabos and spent years between the two places. Now, we spend a lot of time at Rancho Luna in Atotonilco where we're growing almost all the produce that the restaurant consumes. It's been two years since we've been growing organic food.

José: For a while we've had the dream to make our own beer. Finally, about a year ago we bought some basic equipment. We're working with an Argentine friend who's a professional, and now making kegs of beer for Mama Mia.

Berta: We arrived to San Miguel at such a beautiful time. It was the hippy era when everyone knew each other and always talked on the streets.

José: About 20 years ago, people started arriving that were only interested in real estate. They were no longer interested in Mexican culture. To the contrary, now they complain about Mexican customs like church bells, fireworks, and roosters singing at night. But still, San Miguel conserves its essence.

Francia viviendo bajo la protección de François Mitterrand. (Después, debido a la presión del gobierno italiano, tuvo que desaparecer otra vez, volviendo a la superficie en Brasil donde vive hoy en día). Cesare nos platicó que todo el grupo de italianos que llegó a San Miguel habían sido terroristas.

Berta: En los ochentas ya habíamos abierto un Mama Mia en los Cabos y pasamos años entre los dos lugares. Ahora estamos pasando mucho tiempo en el Rancho Luna en Atotonilco donde cultivamos casi todos los productos que se consumen en Mama Mia. Ya llevamos dos años produciendo comida orgánica.

José: Durante mucho tiempo hemos soñado con hacer nuestra propia cerveza y por fin hace un año compramos un pequeño equipo. Trabajamos con un amigo argentino que se dedica a eso. En el verano del 2017 hicimos nuestra primera cerveza. Ya hacemos la cerveza de barril para Mama Mia.

Berta: Llegamos aquí en un momento bellísimo. Era la época hippie cuando todos se conocían y siempre platicaban en las calles.

José: Hace unos veinte años empezó a llegar gente que sólo estaba interesada en proyectos inmobiliarios. Ya no son personas interesadas en la cultura mexicana. Por el contrario, se quejan de las costumbres mexicanas—las campanas, los cohetes, los gallos que cantan en la noche. Pero todavía San Miguel conserva su esencia. Tiene raíces muy profundas.

María de Jesús (Yaya) Márquez Correa

María de Jesús (Yaya) Márquez Correa

My life drastically changed in September of 1949 when I married an American who had come to San Miguel to study art. I believe I was the third young woman to marry an American here.

I was born in San Luis de la Paz in 1929 where my parents briefly lived as part of my father's work as a state school superintendent. Normally my family lived in San Miguel—my mother's hometown. My father held this post for more than fifty years, supervising schools in the state of Guanajuato. For many years, he did this on horseback—this was how people traveled back then.

My father, José Cruz Márquez Espinosa, met my mother, Lorenza Correa Sierra, who was a music teacher, at the schools in San Miguel. She was an orphan, who had been raised by the nuns at the Franciscano-Concepcionista Convent, now known as Las Monjas or Bellas Artes, where her uncle was chaplain. There she learned to sing, play the piano, harp, mandolin, and guitar, as well as to cook and bake.

For my parents, it was love at first sight, and their life together revolved around education. Every meal, my father talked to us about history, literature, or values. When not tending to his job, he wrote poetry and plays, many of which were presented at schools or theaters. My mother's music often accompanied them. She even played the piano for the sound effects of the first silent movies that arrived in San Miguel—at the Ángela Peralta Theater in the '20s.

María de Jesús (Yaya) Márquez Correa

El mes de septiembre de 1949 cambió mi vida cuando me casé con un estadounidense que había venido a San Miguel a estudiar arte. Creo que yo fui la tercera señorita que se casaba con un norteamericano aquí.

Nací en San Luis de la Paz en 1929 donde mis padres estuvieron brevemente como parte del trabajo de mi padre, que era inspector escolar del estado pero mi familia vivía en San Miguel, el pueblo natal de mi madre. Mi padre tuvo este puesto por más de cincuenta años, supervisando escuelas en todo el estado de Guanajuato. Por muchos años lo hizo a caballo, pues era la manera en que se viajaba entonces.

Mi padre, José Cruz Márquez Espinosa, conoció a mi madre, Lorenza Correa Sierra, quien era maestra de música en las escuelas de San Miguel. Ella era huérfana y había sido criada por las monjas del Convento Franciscano-Concepcionista, ahora conocido como Las Monjas o Bellas Artes, donde su tío era capellán. Allí aprendió a cantar, a tocar el piano, el arpa, la mandolina y la guitarra, así como cocina y repostería.

El de mis padres fue amor a primera vista y su vida giraba en torno a la educación. En cada comida mi padre nos daba una plática sobre historia, literatura o valores. Cuando no estaba ocupado en su trabajo, escribía poesía y obras de teatro, muchas de las cuales se representaban en escuelas y teatros. La música de mi madre a menudo las acompañaba. Ella incluso tocó el piano para hacer los efectos de sonido de las primeras películas mudas que, en los 20's, llegaron a San Miguel y se exhibieron en el Teatro Ángela Peralta.

A los maestros se les daba un lugar para vivir como parte de su contrato laboral. Mis padres se quedaron primero en la escuela que estaba en la esquina de las calles Hidalgo y Canal, en donde ahora se encuentra la Posada de San Francisco. Se mudaron de ahí después de un incidente durante la época de los Cristeros. Esto sucedió cuando mi padre, al salir de su casa con mi hermano mayor en brazos y la hija de su primer matrimonio de la mano, vio cuerpos colgados de los árboles del Jardín.

Ese día decidió que ya no quería vivir allí y poco después le ofrecieron otra escuela, que es donde yo crecí. Éste es el edificio grande junto a la Plaza de Toros en la calle de Recreo #54. En ese tiempo no había agua ni plomería. El baño era un cuarto pequeño que tenía una tabla con tres

Teachers were given a place to live as part of their work contract. My parents first stayed in the school at the corner of Hidalgo and Canal, where the Posada de San Francisco now is. They left after an incident during the time of the Cristeros, when my father left the house carrying my older brother in his arms, and holding the hand of his daughter from his first marriage, and saw bodies hanging from the trees in the Jardín.

That day, he decided he no longer wanted to live there and was soon offered a different school, which is where I grew up. This is the large building next to the bullring at Recreo # 54. It didn't have water or plumbing at the time. The toilet was a small room with a wooden plank with three holes in it set across a trough—people back then weren't shy about sharing the space.

Three more children were born to my family in that beautiful house. The school was like a castle to me, filled with endless activities: ballet and music classes, plays, dancing, cooking. There were a few large palm trees on the grounds and we would get excited when they'd start to bloom, because my mother would cut off the blossoms and stuff them with vegetables and cheese and fry them for lunch. She was a very good cook—she had learned from the nuns.

We only had charcoal for cooking back then—there was no electricity. Candles, made from paraffin, wax, or tallow, were placed all around the house, and we made do. Water was provided by *aguadores* (men who placed a large piece of wood across their backs and attached buckets to each end). They came from the Chorro, knocking on doors, selling the precious commodity to anyone who could pay.

Milk was delivered on burros and we boiled it, letting it rise three times, which was the equivalent of pasteurization. When it cooled a thin crust called *nata* formed on top. Mother would collect it and use it for making cookies, cakes, and bread.

My brothers, sisters, and I played around the house all the time, running and chasing each other, until one day my younger sister, Tere, did a somersault and broke her neck. It was a freak accident. Within hours, she was paralyzed and died the next day. My mother sent for my father, who was in Guanajuato, but since he was traveling on horseback he didn't make it in time. After that, things changed, and mother scolded us for rough housing and being too wild.

Before my fifteen birthday my parents decided they wanted a home of their own and bought a place on Hernández Macías, in front of Bellas

hoyos, colocada sobre una batea. En ese entonces a la gente no le daba pena compartir el espacio.

Tres hijos más nacieron en esa hermosa casa. Para mí la escuela era como un castillo con mil actividades: clases de ballet, música, teatro, danza y cocina. Había unas enormes palmeras en las inmediaciones y cuando empezaban a dar flores nos emocionábamos porque para la comida mi madre las cortaba, las rellenaba con verduras y queso y las freía. Ella era muy buena cocinera— había aprendido con las monjas.

Entonces no había electricidad y sólo teníamos carbón para cocinar. Por toda la casa se ponían velas ya fueran de parafina, cera o sebo y así nos las arreglábamos. El agua era traída por los *aguadores*, que eran hombres que se ponían sobre la espalda un largo palo con cubetas atadas en los extremos. Venían de El Chorro y tocaban a las puertas para vender el preciado líquido a quien pudiera pagarlo.

La leche se entregaba en burros y se hervía hasta que levantaba tres veces, lo que equivalía a la pasteurización. Cuando se enfriaba, se formaba en la superficie una delgada capa de nata. Mi mamá la separaba y la usaba para hacer galletas, pasteles y pan.

Mis hermanos y yo jugábamos todo el tiempo por toda la casa, corriendo y correteándonos hasta que un día Tere, mi hermana menor, dio una marometa y se rompió el cuello. Fue un accidente espantoso. En cosa de horas se paralizó y murió al día siguiente. Mi madre mandó traer a mi padre que estaba en Guanajuato, pero como venía a caballo no pudo llegar a tiempo. Después, todo cambió y mamá nos regañó por ser tan bruscos y por jugar pesado.

Antes de que yo cumpliera quince años mis padres decidieron que querían tener casa propia y compraron una en Hernández Macías, enfrente de Bellas Artes. Estaba pegada al Teatro. Allí fue en donde nacieron mis hermanos menores.

Tal vez a nadie le sorprendió que yo me casara con un maestro. Richard Merrill vino a San Miguel en 1947 a través del *G.I. Bill*. Richard conoció primero a mi mamá cuando le pidió un piano prestado para una obra musical. Después, ella lo invitó a venir a la casa a tocar cuando quisiera. Un día yo regresé de la escuela donde yo daba clases y escuché música en la sala. Éste fue el principio de nuestro romance.

Dos años después nos casamos y yo viajé con mi esposo yankee al frío New Hampshire donde él trabajaba como maestro de español y francés en la Academia Proctor. Nos instalamos en uno de los dormitorios y yo

Artes. It shared a wall with the theater. This was where my younger siblings were born.

No one was surprised that I married a teacher. Richard Merrill came to San Miguel in 1947 on the G.I. Bill. Richard met my mother first, when he asked to borrow her piano for a musical production. Afterwards, she invited him to come by and play whenever he wanted. One day, I came home from teaching school and heard music coming from our living room. This was the beginning of our romance.

We were married two years later and I traveled up to cold New Hampshire with my Yankee husband, where he had a job teaching Spanish and French at Proctor Academy. We settled in one of the dorms and I became a dorm mother to young men barely three or four years younger than myself.

That first night, Richard collapsed with typhus—a result of an insect bite at the hotel in Mexico City, where we stayed when we went in for our civil wedding. I spoke almost no English, though I could read it, and was completely stressed when I ran out to get some help. Richard was very ill for several weeks, so I took over his Spanish class, and continued to be the Spanish teacher for the time we were there. The students called me "Chiquita Banana." What a surprise all the snow and cold was, so different from my San Miguel.

Richard promised my father that he would bring me back every year to visit and he did. Occasionally, we spent a full year here, and during one of those times my daughter Patricia was born; my sons were born in the States.

From 1955 to 1960 Richard taught at the exclusive all-girls Bradford Jr. College in Massachusetts. While there, we initiated a summer program in San Miguel for their students to study Spanish and take art classes. We continued programs for the next twenty years working with Abbott Academy, Phillips Academy, Middlebury College, MIT, Bradley University, and Brigham Young University.

When we came with the young ladies from Bradford Jr. College in the 1950s, many local boys broke up with their girlfriends and had romances with the American girls, which made our job of keeping an eye on them very difficult. Each summer, when they returned on the train to Mexico City for their flight home, the young men would drive down to the station with musicians and serenade the girls as they departed. Then they would drive all the way to the neighboring city of Comonfort to wait for the passing train with the mariachis still playing.

Yaya Márquez on her wedding day, 1949.

me convertí en la figura materna del dormitorio para jóvenes apenas tres o cuatro años menores que yo.

Esa primera noche Richard cayó enfermo de tifo—a consecuencia de una picadura de insecto que sufrió en el hotel de la Ciudad de México en donde nos hospedamos cuando fuimos a casarnos por lo civil. Yo casi no hablaba inglés, aunque podía leerlo, y estaba totalmente estresada cuando salí corriendo a pedir ayuda. Richard estuvo muy enfermo varias semanas así que de inmediato me hice cargo de sus clases de español y seguí siendo la maestra mientras estuvimos ahí. Los estudiantes me llamaban *Chiquita Banana*. ¡Qué sorpresa fueron para mí el frío y la nieve! Todo tan diferente de mi San Miguel.

Richard le había prometido a mi padre que me traería cada año de visita y así lo hizo. Algunas veces llegamos a pasar aquí un año completo y fue en una de esas ocasiones, cuando nació mi hija Patricia; mis hijos varones nacieron en Estados Unidos.

De 1955 a 1960 Richard fue profesor de la exclusiva universidad para señoritas *Bradford Jr. College* en Massachusetts. Estando allí iniciamos un programa de verano en San Miguel para que sus estudiantes tomaran clases de español y de arte. Durante los siguientes veinte años continua-

In 1968, after twenty years of Richard keeping his promise to my father to bring me back to my family every summer, we returned to San Miguel to stay. As luck had it, we went to León to start our own school, often bringing students to San Miguel. We taught Spanish, English, French, German, Italian, and even Japanese. We had students from Phillips Academy for their "Man and Civilization Program," as well as others from all over the world. It was here that I had a very young Jeb Bush help me lay bricks for a small schoolroom in the village of Ibarrilla, just outside of León. It's during this time that he met his future wife, a young Mexican woman. My nephews helped him take serenades to her.

It was in León that my husband and I began our Mexican cooking program, which later extended to San Miguel. We taught regional cooking, held Sweets and Tequila workshops, and spoke at conferences held for

Yaya Márquez dancing at one of their student events, 1950s.

mos con programas trabajando con *Abbott Academy, Phillips Academy, Middlebury College, MIT, Bradley University* y *Brigham Young University.*

Cuando llegamos con las señoritas del *Bradford Jr. College* en los 50's, muchos jóvenes locales rompieron con sus novias y tuvieron romances con las chicas estadounidenses, lo cual hizo muy difícil nuestra tarea de vigilarlas. Cada verano, cuando ellas abordaban el tren hacia la Ciudad de México para de ahí volar a casa, los jóvenes iban a la estación con músicos que tocaban para despedirlas. Luego, manejaban hasta la ciudad vecina de Comonfort para esperar a que pasara el tren, con los mariachis que seguían tocando.

En 1968, veinte años después de que Richard había hecho y cumplido su promesa de traerme cada verano a ver a mi familia, regresamos a San Miguel para quedarnos. La suerte quiso que nos fuéramos a León a empezar nuestra propia escuela y que a menudo trajéramos estudiantes a San Miguel. Enseñábamos español, inglés, francés, alemán, italiano y hasta japonés. Tuvimos estudiantes de *Phillips Academy* que cursaban su programa de 'Hombre y Civilización', así como otros de todas partes del mundo. Fue aquí donde un joven llamado Jeb Bush me ayudó a poner ladrillos para construir un pequeño salón de clases en el pueblo de Ibarrilla, a las afueras de León. Y fue entonces cuando él conoció a su futura esposa, una joven mexicana. Mis sobrinos lo acompañaban a llevarle serenata.

Fue en León que mi esposo y yo comenzamos con nuestro programa de cocina mexicana, el cual más tarde se extendió a San Miguel. Enseñamos cocina regional, organizamos talleres de dulces y tequila, y participamos en conferencias para editores de periódicos y revistas sobre comida americana. Asesoramos a autores de libros de cocina y a periodistas como Rick Bayless y Barbara Hansen. Yo he seguido trabajando con *Mexican Cooking Vacations,* un negocio que ahora tengo con mi hija Patricia y mi nieta Mónica. Mi hijo Roberto es un conocido veterinario aquí en San Miguel. Mi hijo mayor, Daniel, es jefe del Departamento de Anestesiología de la Marina Estadounidense, en Bethesda, Maryland.

Yo regresé a vivir permanentemente a San Miguel en 1980 para estar con mi madre, que se había puesto enferma. Abrí una pequeña tienda en su casa enfrente de Bellas Artes, donde ahora está el restaurante Vivali. Vendíamos quesos franceses, queso de cabra y cortes de res americanos, artículos que entonces no eran fáciles de conseguir aquí. También fui agente de bienes raíces con mi hija Patricia, que es arquitecto.

American food editors of newspapers and magazines. We coached cookbook authors and journalists such as Rick Bayless and Barbara Hansen. I have continued to work with Mexican Cooking Vacations, a business I now run with my daughter Patricia, and my granddaughter Monica. My son Robert is a well-known veterinarian here in San Miguel. My oldest son, Daniel, is a head of the anesthesiology department with the U.S. Navy in Bethesda, Maryland.

I returned permanently to San Miguel in 1980 to be with my mother, who had become ill. I opened a small shop in her home in front of Bellas Artes, where Vivali restaurant now is. We sold French cheeses, goat cheese and American beef, items that were not otherwise available here at the time. I also brokered real estate with my daughter Patricia, who's an architect.

We have a saying in Spanish: ¿*Adónde vas que más valgas?* (Where can you go that you could be worth more?) And my response would certainly be that in my hometown, in my own country, and with my family and loved ones, nothing could be more true. I am where I always have felt valued most…in my beautiful San Miguel.

En español tenemos este dicho: "¿Adónde vas que más valgas?" Y mi respuesta ciertamente sería que en mi pueblo natal, en mi propio país y con mi familia y mis seres queridos, nada podría ser más verdadero. Estoy en donde siempre me he sentido más valorada...en mi bello San Miguel.

Lucha & Roberto Maxwell

Lucha and Roberto Maxwell

Roberto: I came to San Miguel because one of my art teachers in New York knew Stirling Dickinson. One day he asked me if I would like to go to Mexico. Like a fool, I said of course I wanted to go. He wrote to Stirling and arranged a summer scholarship for me to study at the old Bellas Artes, which was in a building next to the original market in the center of town.* I was there with Ito, Leonard Brooks, Simón Ibarra, Jack Baldwin. Some of these instructors had been deported the year before for communist activities, though officially it was because they didn't have permission to work in Mexico.

To get to San Miguel, I took the train. But since I wasn't familiar with the town, I went until Dolores Hidalgo. I had to take a taxi to get back here. I enjoyed my first visit, but never thought I would return, mainly because I didn't speak Spanish. I liked the classes and the people. It was very cheap. The old Hotel San Miguel on Correo, next to where Bárbara Dobarganes lives, cost $30 U.S. a month with three meals. When the summer ended, I returned to New York to continue my studies and then won another scholarship.

Lucha y Roberto Maxwell

Roberto: Llegué a San Miguel porque uno de mis maestros en Nueva York conocía a Stirling Dickinson y un día me preguntó si me gustaría ir a México. Y yo de menso le dije que claro que me gustaría. Él le escribió a Stirling y me consiguió una beca de verano en el antiguo Bellas Artes*, que era un edificio que estaba junto al mercado en el Centro. Ahí estuve yo con Ito, Leonard Brooks, Simón Ibarra, Jack Baldwin. Todos ellos eran maestros pero habían sido deportados el año anterior por "comunistas", pero oficialmente fue por no tener permiso para trabajar en México.

Para llegar a San Miguel, tomé el tren y como no conocía el pueblo, me seguí hasta Dolores Hidalgo. Y entonces tuve que tomar un taxi para regresarme aquí. La primera vez que estuve en San Miguel me gustó mucho pero jamás pensé que fuera a regresar porque yo no hablaba nada de español. Gocé las clases y la gente. Era baratísimo. El viejo Hotel San Miguel, en Correo, a un lado de donde vive Bárbara Dobarganes, costaba treinta dólares al mes con tres alimentos. Después de ese verano, volví a Nueva York para continuar mis estudios y gané otra beca.

En mi cuarto viaje a San Miguel me enfermé. Estuve en el Hotel San Miguel. Apenas tenía unas cuantas semanas aquí cuando me puse muy mal y no sabían qué tenía yo. Un día me acosté sintiéndome bien y al día siguiente, cuando traté de levantarme de la cama, me caí. En fin, Don Ramón me llevó a México al Hospital Inglés donde me diagnosticaron polio. No había una gran epidemia en San Miguel o en México, pero sí algunos casos. Eso fue en noviembre de 1953 y pasé el siguiente año en el hospital.

Decidí quedarme en México donde me cuidaban muy bien. Conocí a Lucha, así que todo salió bien. Nunca quise regresar a vivir a los Estados Unidos.

Lucha: Yo trabajaba como fisioterapeuta en el Hospital Inglés en Chapultepec. Cuando Roberto llegó al hospital, me lo refirieron a mí. Entonces la polio no era muy conocida. Y eso fue exactamente un año antes de la vacuna. Aquí en San Miguel no sabían qué cosa era lo que él tenía.

Estuve un año trabajando con Roberto, poniéndole rutinas, dándole terapia y toda clase de ejercicios. Y preparándolo para que saliera a la vida.

On my fourth trip to San Miguel, I got sick. I was staying at the Hotel San Miguel. I had been here only a few weeks when I started to feel bad. I didn't know what was wrong with me. One day I went to bed feeling fine, but the next day, when I tried to get out of bed, I fell. Finally, Don Ramón took me to the English Hospital in Mexico City, where I was diagnosed with polio. There wasn't an epidemic in San Miguel, or in Mexico, at the time, just a few cases. It was November of 1953 and I spent the next year in the hospital.

I had decided to stay in Mexico for my treatment and was well taken care of. I met Lucha and everything turned out fine. I never wanted to return to the States to live.

Lucha: I worked in the English Hospital in Chapultepec as a physical therapist. When Roberto was sent to the hospital, he became my patient. Back then, polio wasn't well known. This was exactly one year before the vaccine. In San Miguel, they didn't even know what the problem was.

I worked a year with Roberto, putting in place routines, giving him therapy and all different kinds of exercises—preparing him to return to his life. During this year, we got to know each other very well. We had discussions all the time about our different points of view. While there, I was treating a child with polio and became friends with his mother. She said Roberto and I were bickering all the time because we were in love and we didn't know what to do about it. This is how we realized what was happening. Then Roberto asked me to marry him. My family was strongly opposed to the marriage, but I insisted, and we got married. Since Roberto had come to San Miguel various times with scholarships, we decided to settle here and rented a small house.

Roberto: When we were newlyweds, I gave painting classes at the Instituto. It was a great environment. Stirling was in charge of everything and the majority of students were foreigners. The Mexicans went to Bellas Artes.

Lucha: For me, it was wonderful. My first impression was of Nell Fernández, the director of the Instituto. She had a big party to introduce us as a married couple. Since then, I've felt at home. The people here are very beautiful and very special.

I was giving physical therapy at Taboada, in the hot water, when I had a miscarriage. I didn't even know I was pregnant. The doctor told me that if we wanted to have a family, I would have to stop giving treatments. We later had two children—a boy and a girl.

En el año que estuvimos trabajando nos conocimos perfectamente bien. Teníamos discusiones todo el tiempo por nuestros diferentes puntos de vista. Cuando estaba yo tratando ahí a un niño que tenía polio, me hice muy amiga de su mamá y ella nos dijo que discutíamos todo el tiempo porque estábamos enamorados uno del otro y no sabíamos qué hacer con el paquete. Así fue que nos dimos cuenta y entonces Roberto me propuso matrimonio. Mi familia se opuso rotundamente pero yo dije que me casaba con él. Y nos casamos. Como él había venido a San Miguel varias veces con becas, decidimos vivir aquí y alquilamos una casita.

Roberto: De recién casado di clases de pintura en el Instituto. El ambiente era muy bonito. Stirling estaba a cargo de todo. La mayoría de los estudiantes eran extranjeros. Los mexicanos iban a Bellas Artes.

Lucha: Para mí fue una verdadera maravilla porque la primera impresión que tuve yo de San Miguel fue que Nell Fernández, la directora del Instituto Allende, hizo una fiesta muy grande para presentarnos como matrimonio. Y desde entonces me he sentido muy en casa. La gente es muy especial y muy bonita.

Yo estaba dando tratamientos de fisioterapia en Taboada, en el agua caliente, y tuve un aborto espontáneo. No sabía que estaba embarazada. El doctor me dijo que si queríamos tener familia, necesitaba suspender mis tratamientos. Después tuvimos dos hijos, una niña y un niño.

Entonces, como yo seguía en contacto con la mamá de aquel niño enfermo y ellos tenían una tienda en la Alameda de México como Casa Maxwell, me empezó a mandar mercancía para abrir una tienda aquí.

Vivíamos entonces enfrente de Las Monjas en una casa chiquita y ahí empezamos la tienda en el garaje. Y comenzamos a crecer porque en ese tiempo no había tiendas de curiosidades aquí en San Miguel. Estaba nada más la casa de la Señora Zavala. Había muy poco turismo. El pueblo se sostenía de la agricultura y la ganadería. Había muchos ranchos. Después de un tiempo, nos pasamos a lo que era el Hotel Central. La tienda siguió creciendo y pronto llegamos a tener mercancía de todo México.

No había ninguna casa de decoración en aquel tiempo y hacíamos muebles y decorábamos casas. Trabajábamos bastante bien. Ya después se la dimos a nuestros hijos y ahorita la tienda está más bonita que nunca.

Roberto: Después de casarnos en 1956 construimos esta casa en donde vivimos. Cuando abrimos la tienda, decidimos comprar el terreno y construir. Nos decían que estábamos locos porque íbamos a estar fuera de la civilización ¡A cuatro cuadras del Jardín Principal! Porque aquí la calle

At the time, I was still in contact with the mother of that sick boy. They had a store like Casa Maxwell in Mexico City, in la Alameda, and she began sending me merchandise, so I could open a store here.

Back then, we lived in a small house across the street from Las Monjas and that's where we began the store—in the garage. It grew fast, since at that time there wasn't a novelty store in San Miguel. There was only Señora Zavala's house. There was little tourism. The town sustained itself with farming and ranching—there were a lot of ranches. After awhile, we moved to what once was Hotel Central. The store kept growing and soon we had merchandise from all over Mexico.

At the time, there wasn't a home interior store, so we started making furniture and decorating houses. We worked really well together. Later, we gave the store to our children and now it's more beautiful than ever.

Roberto: In 1956, after we got married, we built the house where we live today. When we opened the store, we decided to buy a piece of land and build. People said that we were crazy because we would be outside of civilization—four blocks from the Jardín! Because our street was only mud and dirt, we asked the then mayor, Leobino Zavala, to help us pave it. He said he had a plan to pave San Pedro to Árboles and Pila Seca to Zacateros for nine hundred pesos, and if I would pay half, the town would pay the other half. So, that's how we did it.

Lucha: Before we put electricity in, Roberto's mother came to see her grandson. She arrived here at night. There weren't any buildings around, just shacks, and there were no streetlights. We had just finished building the house and didn't have any beds, only one cot. It was winter and the house was still humid from construction and there was no heat. The next day, while we were having breakfast, Roberto's mother came out, trembling in her fur coat, and asked what had happened the night before. She had heard horrible noises and thought there had been another revolution. But what happened was that the man who lived on the corner was celebrating his saint's day and they had sent him a band to play *Las Mañanitas*.

Roberto: The following year, I received a letter from my mother saying that she had decided to live here. She arrived in Veracruz in a cargo boat with my stepfather, who suffered from Parkinson's, and my sister Susana. We went to pick them up in our car. My mother lived here until she died in '69. She helped us at the store. My sister fell in love with José Tovar, a farmer that she met here, and got married. Sue's son, from her first mar-

Aldama Street, 1949.

era puro lodo y tierra y cuando Leobino Zavala fue Presidente Municipal, nosotros le pedimos que nos ayudara a empedrar la calle. Él nos dijo que tenía un plan para empedrar de la calle de San Pedro a la de Árbol y de Pila Seca hasta Zacateros, por novecientos pesos y que si yo pagaba la mitad, el municipio pagaba la otra. Y así lo hicimos.

Lucha: Antes de que instaláramos la electricidad, la mamá de Roberto vino a ver a su nieto. Cuando llegó aquí era de noche. Aquí no había nada de edificios, eran puras chozas. No había ni luz en la calle. Nosotros

San Miguel's Plaza de Toros, 1946. Courtesy of Ricardo Vidargas.

riage, is Dr. Ramaglia. He came here when he was three years old. He grew up with our son Beto (Dr. Maxwell).

Lucha: Even though I stopped giving physical therapy treatments, people still sent me small children to work with. In 1977, we created the Centro de Crecimiento to help deaf children, as well as children with polio, cerebral palsy, Down Syndrome, and malnutrition. We had a lot of volunteers. We passed through different places, buildings that were lent to us for our growing school.

In 1990, we bought a building on Zamora Ríos (in Colonia Allende) and that's where the Centro de Crecimiento is now. It's recognized by the Secretary of Public Education.

Roberto: I continued painting for many years. I had to stop, though, about ten years ago because I had post-polio. After thirty or forty years of polio you grow weaker. I'm in a wheelchair now.

Lucha: I was so lucky to have married him. (She said with a big smile, patting his knee.)

*After the faculty of the original Escuela Universitaria de Bellas Artes walked out in support of David Alfaro Siqueiros, they opened their own art school beside the old market on Mesones. This school was only open for a short time and closed when the Instituto Allende opened its doors in 1951.

acabábamos de construir la casa. No teníamos camas, solamente un catre. Era invierno, con la casa húmeda todavía y nada de calefacción. Al día siguiente, mientras estábamos desayunando, la señora salió temblando con su abrigo de pieles y nos preguntó qué había pasado la noche anterior porque había escuchado un ruido tremendo y pensó que se trataba de la Revolución otra vez. Lo que pasó es que el señor que vivía en la esquina celebraba el día de su santo y le mandaron una banda para tocarle *Las Mañanitas*.

Robert: Al año siguiente, recibí una carta de mi mamá diciendo que habían decidido venir a vivir aquí. Llegó en un carguero hasta Veracruz con mi padrastro, que padecía Parkinson, y mi hermana Susana y fuimos a recogerlos en nuestro coche. Mi mamá vivió aquí hasta que murió en '69. Ella ayudaba en la tienda. Mi hermana se enamoró de José Tovar, un ranchero que conoció aquí, y se casaron. El hijo de Sue, de su primer matrimonio, es el doctor Ramaglia. Cuando llegaron aquí, él tenía tres años y convivió mucho con nuestro hijo Beto (el doctor Maxwell). Ellos crecieron juntos.

Lucha: Aunque suspendí los tratamientos de fisioterapia todavía me mandan niños chiquitos. En 1977 nació el Centro de Crecimiento para niños sordos, con secuelas de polio, con parálisis cerebral. Hemos tenido muchos voluntarios. Nos pasamos a diferentes lugares que nos prestaron para tener la escuela que iba creciendo.

En 1990 compramos una propiedad en Zamora Ríos (en la Colonia Allende), donde actualmente está el Centro de Crecimiento. Éste está reconocido por la Secretaría de Educación Pública.

Roberto: Yo seguí pintando durante muchos años. Hace apenas unos diez años dejé de pintar porque tengo postpolio. Después de treinta o cuarenta años de tener polio te vas debilitando cada vez más. Ahora estoy en silla de ruedas.

Lucha: Yo tuve mucha suerte de casarme con él. (Dijo ella con una gran sonrisa, dándole palmaditas en la rodilla.)

*Después de que el profesorado de la original Escuela Universitaria de Bellas Artes renunciara en apoyo a David Alfaro Siqueiros, ellos abrieron su propia escuela de arte junto al viejo mercado en la calle de Mesones. Esta escuela estuvo en funciones por poco tiempo y cerró cuando el Instituto Allende se inauguró en 1951.

Rodrigo Palma Ramírez

Rodrigo Palma Ramírez

I was born in 1928 in a farming community about an hour's walk from San Miguel, called Guerrero. My father planted crops so we could survive: corn, beans, garbanzos. When God wanted, we had enough, when he didn't, then no. Our life was about struggle, because it was about working in the fields. Many of us lived in houses made of brush from the countryside, but little by little we got used to homes with tiled roofs.

When I was a boy, my family came to San Miguel once a week to sell firewood, just like all the other country folk. Back then, gas wasn't used for cooking, only wood. With the money we earned, we bought onions, *chiles*, tomatoes, *piloncillo*, salt, soap, and even corn when there wasn't any at home. We had to buy these things to be able to live out there in the country. Every day, we ate beans in broth prepared in a pot, and handmade tortillas, because back then we didn't use mills or tortilla factories like today. Everything was made by hand on the *metate*—and it tasted so much better.

San Miguel wasn't a big deal at that time; it was small. The park (El Chorro) was the only place where there was natural spring water, and after it rained, water would run down the streets, lots of water.

Rodrigo Palma Ramírez

Nací en 1928 en un rancho que se llama Guerrero. Es una pequeña comunidad que está como a una hora caminando de San Miguel. Mi papá sembraba la tierra para poder vivir: maíz, frijol, garbanzos. Cuando Dios quería había, cuando no, pues no. Nuestra vida era de batallar, porque era cosa de trabajar en el campo. Muchos vivíamos en casas de zacatito, de basura del campo y después ya poco a poco, nos acostumbramos a casas de teja.

Cuando era niño, mi familia venía a San Miguel a pie una vez a la semana para vender leña, como toda la gente ranchera. En aquel entonces no se usaba gas para cocinar, se usaba pura leña. Con este dinero comprábamos cebolla, chiles, jitomate, piloncillo, sal, jabón y hasta maíz, cuando no había en el rancho. Todo eso se compraba para vivir allá en el rancho. A diario comíamos puros frijolitos en caldito que se cocía en la olla, con tortillitas hechas a mano y es lo que hacíamos porque no se usaba molino ni tortillería, como ahora. Todo estaba hecho a mano en el metate—y era mejor que ahora.

San Miguel no era gran cosa en aquel tiempo, era chico. El parque (El Chorro) era la única parte donde de veras manaba el agua que nacía y por todas las calles corría el agua cuando acababa de llover, bastante agua.

Existían unos trenes que venían de quién sabe dónde y que ahí pasaban por la mentada estación con el tráfico de pasajeros y la gente venía hasta el centro. No había carros, nada más los tranvías que jalaban los machos y tenían sus redilas. Llegaban a todas partes en el centro.

El primer carro que yo vi era un carrito chico, era de *crank*. Cuando no quería jalar traían el burro y lo enganchaba y jalaba hasta que se prendía. Vivía el señor del carro en la calle Real, que ya se nombra Canal. Mucha gente en aquel tiempo trabajaba en la manta, en la Fábrica (Aurora). Por allá era campo, no había nada de casas en la Guadalupe, estaba todo limpio, ya es pura casa.

Pasé la primera parte de mi vida sembrando igual como mi papá. No estoy seguro de cuándo me casé la primera vez, creo que tenía veintidós años. Ella era de otro rancho y la conocí en una de las fiestas de San Miguel. Todo el mundo se encontraba en los días festivos. Fue la fiesta del Corpus cuando todos traían mascaras de cartón. Había mucho pulque

There were trains coming in from who knows where, dropping off passengers who then headed to town. There were no cars, just trams with wooden benches pulled by male donkeys that went all over the center.

The first car I saw was very small and had a hand-crank. When it didn't want to start, they brought out a donkey and tied him to the car. He would pull it down the street until it would start. The man with the car lived on Real Street (now called Canal). Many people back then worked making *manta* at the Fábrica La Aurora. It was in the country. There were no houses in colonia Guadalupe—it was empty. Now, it's all built up.

I spent the first part of my life planting crops like my father. I'm not sure when I married for the first time; I think I was around twenty-two years old. She was from another farming community and we met at a party during the San Miguel festivities. Everyone got to know each other during the holidays. It was during the festival of Corpus when everybody wore cardboard masks. There was a lot of *pulque* and a*guamiel de maguey*; all the boys were drunk in the streets. We were only married for a few years. She died because of ignorance. We didn't know how to take care of her, nor had the money to buy what was necessary to cure her. With my second wife, who was also a widow, I had four daughters, but two have already died. We're still at home, struggling like always. If you don't complain, you cry. It's the same thing.

I came to live in San Miguel in 1970. We had to leave the farm when they built the Presa Allende. We were stranded, since they flooded all the paths we walked on. There were no roads, no cars. We couldn't walk to town, so we couldn't stay. We had to leave our land behind—the only thing we had. I became a bricklayer. What else could I do? It's been years since I was able to work, but I'm still here until death takes me away. In the meantime, one just has to live.

y aguamiel de maguey, todos los muchachos andaban borrachos en las calles. Duramos pocos años de casados en el rancho. Se murió por la ignorancia, porque no supimos cómo cuidarla, por no tener manera de comprar algo para curarla. Con mi segunda esposa, que era viuda también, tuve cuatro hijas, pero ya murieron dos. Estamos en la casa batallando como siempre. Si no nos quejamos, lloramos. Es lo mismo.

En 1970 me vine a vivir a San Miguel. Tuvimos que salir el rancho porque se atravesó la Presa Allende. Cuando la construyeron, inundaron todas las veredas por las que caminábamos. Estábamos varados. No había caminos ni coches. No podíamos ir al pueblo a pie, así que no podíamos quedarnos allá. Tuvimos que dejar nuestra tierra—que era lo único que teníamos. Yo me puse a trabajar de albañil ¿Qué más podía hacer? Ya llevo muchos años sin trabajar, pero todavía estoy aquí hasta que la muerte venga por mí. La cosa es sólo vivir.

Conde de la Canal, 1926.

Félix Pérez Juárez

Félix Pérez Juárez

In 1938, at the age of ten, I entered the new Bellas Artes, which was founded by a man named Cossío del Pomar.[11] Before that, it was a convent and the nuns lived inside. Now they live in the back.

I don't know how Cossío del Pomar acquired the building, but it seems it was thanks to President Lázaro Cárdenas. He came to San Miguel and facilitated the deal. At that time, it didn't take a lot of work to fix it up. The wooden ceilings were still good. The *bóvedas* are original. They planted Castilian roses all around the edges. There were a few large custard apple trees and also some very good peach trees. The fountain was the same; they only modified the base by adding cantera to the stone.

I began with ceramics. I only lasted a little while, and then changed to textiles. I had learned a little from my parents, who were both weavers, and then studied with Fidel Hernández, who's in the mural by the stairs.

Fidel Hernández was my mentor. He taught me to make different types of textiles, all by hand. We worked with wool just like it had been brought in from the countryside. We had to clean it, wash it and card it in order to thread and make the weft. After these steps, one can begin to weave and little by little make designs. Later, I went to do my military service. When

Félix Pérez Juárez

En 1938, a los diez años de edad, entré a la nueva Bellas Artes. La fundó un señor llamado Cossío del Pomar.[11] Antes era un convento y las monjitas vivían en él. Ahora ellas viven en la parte de atrás.

No sé cómo del Pomar consiguió el edificio, pero parece que fue gracias al Presidente Lázaro Cárdenas, que vino aquí a San Miguel y fue el que les facilitó el trato. En ese tiempo no fue mucho el trabajo para arreglarlo, los techos de madera todavía estaban buenos. Las bóvedas son las originales. Plantaron puras rosas de castilla alrededor, había unas plantas de chirimoya grandotas, había matas de duraznos muy buenos. La fuente era la misma. Se modificó un poco la base porque estaba empedrado todo y se puso la cantera.

Empecé en cerámica. Duré poco ahí y me cambié a textiles. Había yo aprendido un poco con mis papás quienes eran tejedores y luego estuvo como maestro Fidel Hernández, que está en el mural de las escaleras.

Fidel Hernández fue mi gran maestro. Me enseñó a hacer diferentes textiles, todos manuales. Trabajábamos con la lana tal como la traían de los ranchos y nos poníamos a limpiarla, a lavarla, a cardarla para poder después hilar y hacer la trama. Después de esto, pasa uno al tejido y ya poco a poco va haciendo uno los diseños. Luego me fui a hacer mi servicio militar. De regreso, quedé como instructor.

Durante la Segunda Guerra Mundial, la escuela duró un año cerrada. En '45 el Licenciado Alfredo Campanella la tomó y empezó a trabajar otra vez porque el señor Dickinson era el encargado de todo.

Cuando los americanos llegaron en los 40's, recibían clases de pintura, fotografía, escultura, textiles, cerámica. Esto era lo que más les atraía a ellos. Venían a estudiar y había casitas de huéspedes donde se hospedaban y les daban el desayuno, la comida y la cena. Muchos veteranos de la guerra eran muy alocados, estaban muy trastornados cuando llegaron aquí.

En esta época estaba David Alfaro Siqueiros. Vino a pintar *La Vida de Don Ignacio Allende*. Él pintaba de noche. Ponía una lata de esas alcoholeras con hojas de naranja y sus alcoholes y a tomar se ha dicho, con los que estaban estudiando pintura y vea como quedó esto, inconcluso. No sé qué problemas hubo. De repente, como David era muy canijo, todos

I returned, I became an instructor.

During the Second World War, the school closed for a year. Then, in '45, Alfredo Campanella took over and the place started to function again, mainly because Mr. Dickinson was in charge of everything.

When the Americans arrived in the forties, they took painting classes, photography, sculpture, weaving, ceramics. This is what attracted them most. They came to study, arriving at guesthouses that provided breakfast, lunch, and dinner. Many of the war veterans were crazed and troubled when they arrived here.

During this time, David Alfaro Siqueiros came to paint *La Vida de Don Ignacio Allende*. He painted at night. He used to prepare, in a big can, a mixture with orange rinds and liquor and drank with the students who studied painting, and look at how it (the mural) ended—it's incomplete. I don't know what problems there were. But suddenly, since David was very difficult, everyone left and they closed the school. It stayed that way until '62 when (the National Institute of) Bellas Artes took over to make it what it is now.

I had shows here. I also worked awhile for the Popular Art Museum in Mexico City. Afterwards, I was a bricklayer when the school replaced all the wooden ceilings.

I only work at Bellas Artes three days a week now, before I was here every day because I had to dye the wool, wash it, and supervise the looms. I was young. I ran up and down the stairs and I could attend to everything that I needed to do.

There used to be many weaving workshops in San Miguel. Now there are hardly any. Few people want to work with wool, especially since there's no one to card it, which is the most difficult part. There's no one to spin or warp the thread…it's very sad. Before, there was a lot of work because people from the countryside would bring in their wool and we made them blankets, overcoats, bedspreads, and many other things.

I got married at twenty-five, when I was ready to support my wife, who is also from here. Like everyone, we dated for a while. Afterwards, you had to ask for the woman's hand. Then there was a waiting period to say if they would give her away or not. If they gave her away, the marriage was celebrated.

My wife only had ten children and from these ten there's around sixty or more grandchildren and great-grandchildren—an entire village. Julio, my oldest, learned to weave. While studying to become a professor, he

Bellas Artes, 1950.

se salieron y cerraron la escuela. Duró así hasta el '62 cuando la tomó (el Instituto Nacional de) Bellas Artes, para hacer lo que es hasta ahora.

Yo tuve unas exposiciones aquí. También trabajé un tiempo para el Museo de Arte Popular de la Ciudad de México. Y ya después, la hice de albañil cuando tumbamos todos los techos que eran de madera.

Estoy en Bellas Artes ya nada más tres días a la semana, antes era todos los días, porque tenía que teñir la lana, lavarla, tenía que estar al pendiente de los telares. Yo estaba joven, subía y bajaba corriendo y podía atender todo lo que tenía que hacer.

Había muchos talleres de lana en San Miguel. Ya casi no hay ninguno. Ahora hay poca gente que quiera trabajar la lana, especialmente porque ya no hay quien carde—que es lo más pesado—, quien hile, quien urda... Es muy triste. Antes había mucho trabajo porque los del rancho traían su lana y uno aquí, se las arreglaba para hacerles sus cobijas, gabanes, cobijas grandes para camas y muchas cosas más.

Me casé a los veinticinco años, ya cuando estaba yo hecho para mantener a mi esposa que también es de aquí. Como todo el mundo, tuvimos un tiempo de noviazgo. Después había que pedirla y le daban a uno un plazo de espera para decir si la daban o no la daban. Si la daban, se celebraba el matrimonio.

continued with the production line. Julio graduated, and then some time later began to weave again. He opened his own shop and it's done very well.

My brothers and sisters were *reboceros* (shawl weavers), my parents too, but my maternal grandfather worked with wool, like me. They bought yarn from the Fábrica (La Aurora) and would boil it in a small tank and thrash it to remove the residue, and then dye it. They were all hard workers.

I'm now thinking about retiring, but what will I do? I think I'm going to miss working after so many years—seventy-five! Some of the other teachers have also been around for a long time, but not as long as I have. When I stop working, it will be to die.

Felipe Cossío del Pomar with Stirling Dickinson (and unindentified woman) in Bellas Artes, late 1930s Photo courtesy of Miguel Cossío..

My favorite memories of Bellas Artes were when all the workshops were busy: textiles, ceramics...there was a lot of sculpture, painting. This was at the end of the '30s and the '40s. It was all so beautiful.

Mi mujer tiene como diez hijos nada más y de esos diez ya son como sesenta o más entre nietos y bisnietos. Ya son un pueblo. Julio, el mayor aprendió tejer. Cuando estudió para profesor siguió la tira de producción. Julio se recibió de profesor y al poco tiempo empezó a tejer y puso su taller y le ha ido muy bien.

Mis hermanos eran reboceros, también mis papás, pero mi abuelito materno trabajaba la lana como yo. Compraban la hilaza de la Fábrica. En un tanquecito la hervían y la azotaban para quitarle los residuos y de ahí a teñir. Todos eran muy laboriosos.

Yo ya pienso en retirarme, ¿pero qué hago? Yo creo que sí voy a extrañar el trabajo después de tantos años ¡Setenta y cinco! Algunos de los maestros también han estado aqu=í mucho tiempo, pero menos que yo. Cuando deje de trabajar será para morirme.

Los mejores recuerdos que tengo de Bellas Artes son cuando estaban todos los talleres trabajando: textiles, cerámica...había más trabajos de escultura, pintura. Esto fue a fines de los 30's y los 40's. Todo eso era muy bonito.

Soledad Ramírez Trejo

Soledad Ramírez Trejo with her handmade dolls.

I come from San Lucas—a small farming community between Guanajuato and San Miguel, but I was born in La Palmita, two communities below, where the same river flows. My parents, Nazario Ramírez y Eulalia Trejo, were from there. My father spoke Otomí with my grandparents. Back then, there were people that spoke more Otomí than Spanish. He was orphaned when he was fifteen years old.

My father planted corn with a few burros that he had, without help from anyone, and he harvested it to sell in May. My mother went to a cave where she made clay pots. She would leave our community to sell them—this is how we made do. We would help her make them. First, we would bring the soil from the countryside and then take it to the cave to sift, add water, and mix it into mud. With this mixture, we would make the pots and fire them in an oven. When we took them out the following day, they were beautiful and well-colored. They even made a sound. (Clay that's been cooked properly makes a certain sound when you tap

Soledad Ramírez Trejo

Vengo de San Lucas—un rancho que está entre Guanajuato y San Miguel, pero yo nací en La Palmita que queda dos ranchos más abajo, por donde pasa el mismo río. Mis papás, Nazario Ramírez y Eulalia Trejo, eran de ahí. Mi papá hablaba otomí con mis abuelitos. En aquel entonces había gente que hablaba más otomí que español. Lo dejaron huérfano cuando tenía quince años.

Mi papá sembraba maíz con unos burritos que tenía, sin ayuda de nadie y cosechaba poquito maíz que vendíamos en mayo. Mi mamá se iba a una cueva y hacía cajetitos de barro. Ella salía al rancho a venderlos, con eso nos mantenía. Nosotros le ayudábamos a hacerlos. Primero, íbamos a traer la tierra del cerro y luego la llevábamos a la cueva para colarla, echarle agua y entonces batíamos el lodo. Con él hacíamos los cajetitos y los quemábamos en un horno. Cuando los sacábamos al día siguiente estaban bien bonitos, bien coloraditos y hasta sonaban. (Si el barro se coció bien hace un cierto sonido.) Después los pintábamos y cuando estaban listos, mi mamá los andaba ofreciendo por todas partes para ver quién le daba maicito, un puñito de frijol, un queso, un pedacito de carne. Como la gente era pobre casi no tenía dinero nomás le daba algo a cambio. A veces una o dos tortillas por un cajetito. Yo también me enseñé a hacer cajetitos como los que hacía mi mamá y me iba con ella a vender.

No tuve ni un hermano, sólo puras hermanas, fuimos cinco. Las tres mayores se casaron cuando yo era niña. Nada más Jesús, la más chica, y yo le ayudábamos a mi mamá.

Nuestra casita tenía una cerquita de piedra. Era un cuarto de adobe y de zacate con una empalmadita y las paredes de la cocinita eran órganos. De techo le poníamos un trapito arriba.

A los dieciséis años me fui al Santuario a los ejercicios (espirituales). Ahí estaba una señora que era abuelita de mi futuro esposo. Ella me quiso mucho porque yo me quedaba con ella en un aposento y luego le dijo a su hija: "Oye, hallé una muchacha muy buena gente, me da de todo lo que come. ¿Qué dices? Vamos a pedirla". Y así me pidieron. Yo no conocía al muchacho pero mi mamá sí, porque dondequiera andaba vendiendo cajetes y me dijo: "Esa gente es muy buena. Ahí tú verás si les quieres decir que sí". Y yo dije: "Bueno, pues ya que me pidieron, yo creo que sí". Y ya luego me fui.

it.) Afterwards, we would paint them and when they were ready, my mother would offer them all over in order to see who would give her some corn, a handful of beans, cheese, or a piece of meat. Since people were poor and no one had money, they would barter—sometimes one or two tortillas for a pot. I taught myself how to make clay pots like my mother's, and I would go with her to sell them.

I didn't have any brothers, only sisters—we were five. The three oldest married when I was a girl, so only Jesús, the youngest, and I would help my mother.

Our little house had a stone fence. It was one room made out of adobe and brush with a thatched roof. The kitchen walls were Organ cactus. We put a cloth on top for a roof.

When I was sixteen, I went to a spiritual retreat. There was a lady there who was the grandmother of my future husband. She liked me a lot because we shared a room. Later, she told her daughter, "Listen, I found a good girl, she gives me a bite of all her food. What do you say? Should we ask for her hand?" And that's how I became engaged. I didn't know the boy, but my mother did, because she went everywhere selling pots. She said, "They're a good family. You decide if you want to accept." And I replied, "Ok, since they asked, I think I will." And then, a little later, I left.

After I moved in with his family, I regretted my decision because they made me do a lot of housework. I had to carry a large pot of *nixtamal* and then break it up and grind it on the *metate* to make *masa*. Then I would make tortillas by hand until I filled a basket. I stayed a long time with them. I lived for sixteen years in their house.

My husband is a good person now, but before he treated me poorly—he scolded me, but what could I do? We were married and in those times we (women) were stupid. Today there's not a single woman who would put up with such behavior.

Now I'm taking care of my husband like a child. I beg on the street to provide for him, to buy his medicine, his pills and his sodas. This is the help I give him because we can no longer work.

When we first got married, he worked in the field with his father. I would get up early to make tortillas, cook the beans and *nopales*, and when I finished, I would help him sow the cornfield with the burro. It grew really nice, very straight. I also had to dig and pull up the weeds. From my field big stalks of corn grew, which gave me a lot of corn kernels as well as beans. Nowadays, young people do the work, but let the

Woman grinding on the metate, 1898.

Cuando llegué con ellos me arrepentí porque sí me mandaban hacer mucho quehacer. Tenía que cargar un cajetote de nixtamal y luego quebrarlo y molerlo en el metate para hacer la masa y luego hacía tortillas a mano hasta que llenaba una canasta. Duré harto con ellos. Viví dieciséis años con ellos.

Mi señor es buena gente pero antes sí me maltrataba, me regañaba, pero qué podía hacer. Ya estábamos casados y en ese tiempo éramos tontas. Ahora no hay ni una mujer que aguante eso.

Ahora lo estoy criando como a un chiquito. Ahora yo estoy pidiendo

fields fill with weeds. Women no longer want to work the fields; they've become more intelligent.

I had nine children: four boys, but two died, and five girls. When my children were small I would carry them on my shoulders when I went to the fields to work. That's how I raised them. I never gave them a bottle; I breastfed all of them. When we finished working, we would gather a bag of *xoconoxtles* and go to Celaya to sell them, bringing back *chiles*, soap, onions. We would return very happy with what God gave us.

When the children grew up they wanted to go to school, but back then the government didn't help us. I had to work selling *nopales*, tortillas, cheese, here in San Miguel or in Celaya, in order to buy them pencils, notebooks, everything that they needed. They all went to school, but not all of them finished. One of my children told me that he didn't want to continue studying because he hated to see us work so hard to get what he needed for graduation: a suit, godfather, food. So we wouldn't have to pay for these things, he preferred to drop out.

Now they're all married. My daughters live in the country, suffering from hunger, but when the government gives them a little money they give me ten or twenty pesos.

I've been making my dolls for about twenty years. I sell them on the street. I started making them when I could no longer make tortillas or peel *nopales*.

My town has changed a lot. Now it's pretty. There are cars to take you around. Before, when I got married, we had to walk everywhere. My father-in-law had goats and we would come to San Miguel on foot to sell his cheese door to door, and then we'd buy *chiles*, salt, soap, and sometimes corn. We would leave at one in the morning and arrive at nine. There weren't any cars, nor paths or highways. But now, who walks?

Back then San Miguel was ugly. There weren't houses like today, just empty fields. San Juan de Dios was full of mesquite trees. There was only Calle Real, a bridge, and an old inn. That was everything. The town was very small. Now it's big and houses are everywhere. With everyone's help, we were able to move forward.

I'm old, really old. I don't know exactly how old though. I may be around eighty. In the countryside, we don't have birthdays; we don't know when we were born. No one has a birthday party, not adults, not children.

Once when my daughter was working in Guanajuato, her co-work-

(limosna) para darle a él, comprarle medicinas, sus pastillitas y le compro su refresco. Es la ayuda que le doy porque ya no podemos trabajar.

Cuando nos casamos él trabajaba en la yunta con su papá. Yo me levantaba temprano a hacer tortillas, a cocer frijoles, nopalitos y cuando acababa, me iba a ayudarlo a sembrar la milpa con el burro. Nacía bien bonita, bien parejita. También había que escarbar y arrancar la hierba mala. Pero de mi milpa crecían unas mazorcotas y me daba mucho maíz y frijol. Ahora trabajan los muchachos pero dejan que la milpa se llene de maleza. Las mujeres ya no quieren trabajar en el campo, ya se hicieron como de razón.

Tuve nueve hijos, cuatro hombres—pero se murieron dos—y cinco mujeres. Cuando mis hijos eran chiquitos me los cargaba al hombro y me iba al campo a trabajar. Así los crié. Nunca les di un biberón, a todos los crié con mi pecho. Cuando acababa de trabajar, juntábamos costalitos de xoconostles y los íbamos a vender a Celaya para traer chiles, jabón, cebollitas y regresábamos muy contentos con lo que Dios nos socorría.

Cuando los niños crecieron, quisieron ir a la escuela. Pero entonces el gobierno no nos ayudaba. Yo tenía que trabajar vendiendo nopalitos, tortillas, queso, aquí en San Miguel o en Celaya, para comprarles lápices, cuadernos, todo lo que ellos necesitaban. Todos fueron a la escuela pero no todos terminaron. Uno de mis niños dijo que no quería seguir estudiando porque le daba lástima vernos batallar para conseguir lo mucho que pedían en la escuela para graduarse: vestido, padrino, comida. Y para que no hiciéramos ese gasto, prefirió salirse.

Ya todos son casados. Mis hijas están en el rancho, sufriendo hambres. Pero cuando el gobierno nos da un poquito de dinerito me dan unos diez o veinte pesos.

Tengo como unos veinte años haciendo mis monitas. Las vendo en la calle. Cuando ya no pude echar tortillas ni pelar nopales, yo comencé a hacerlas.

Mi pueblo ha cambiado mucho. Ahora está bonito. Hay carros para venirse uno. Antes, cuando me casé, veníamos camine y camine. Mi suegro tenía chivas y nos veníamos a pie a vender su queso, de casa en casa y comprábamos chiles, sal, jabón y a veces maíz. Salíamos de allá desde la una de la mañana y llegábamos aquí a las nueve de la mañana. No había carros, ni camino ni carretera. Ahora, ¿quién camina?

En aquel tiempo San Miguel estaba feo. No había nada de casas como hay ahora, era puro barbecho. Todo San Juan de Dios era un mezquital.

ers asked her, "When's your birthday?" and she told them a certain day. Then, on that day, they hugged her and gave her a cake. She said it made her cry, but didn't know if it was from happiness or sadness, because no one had ever done this for her before.

When I got married and went to live with my in-laws, they spoke Otomí. I paid attention to what they said and learned. Now, in the school, there's a teacher that comes to teach Otomí because they don't want to lose the language. I understand it, but can't speak much. In Otomí, *chile* is called *i*. Salt is *u*. The *molcajete* is called *mada*, table is *mesha*. I'm a *shu*—an old lady. It's pretty, don't you think?

Nomás la Calle Real estaba. Nomás un puente y un mesón viejo, eso era todo. Estaba chiquitito el pueblo. Ahora San Miguel está grandote. Hay casas por aquí y por allá. Con la ayuda de todos, salimos adelante.

Ya estoy viejita, viejita. No sé cuántos años tengo. Tendré unos ochenta. Allá nosotros no cumplimos años, allá no sabemos ni cuándo naciste. A nadie le hacen fiestas (de cumpleaños) ni a los grandes ni a los chiquitos.

Una vez cuando mi hija estaba trabajando en Guanajuato, sus compañeros le preguntaron: "¿Cuándo cumples años?" Y les dijo que en tal día. Ese día le fueron a dar abrazos y había un pastel. Y ella dice que hasta lloró. No sé si de gusto o de tristeza porque nunca le habían hecho eso.

Cuando me casé y me fui a casa de mi suegra, ellos hablaban otomí y yo me fijaba cómo decían las cosas y así aprendí. Ahora, en la escuela, hay un maestro que viene a enseñar el otomí porque no quieren que se pierda ese idioma. Yo sé otomí pero no lo hablo. En otomí, el chile se llama *i*. La sal se llama *u*. El molcajete se llama *mada*. La mesa se llama *mesha*. Yo soy *shu*, soy una viejita. Es bonito ¿verdad?

Silvia Samuelson

Silvia Samuelson by Jane Evans.

I was born in 1926 in Las Vegas, New Mexico. My maiden name is Cabeza de Vaca, supposedly from the famous conqueror Álvar Núñez Cabeza de Vaca. I grew up in New Mexico and then went to college and nursing school in Chicago. I met my husband, Fred Samuelson, when he was studying at the Chicago Art Institute, where he got his master's degree. We got married right after he finished school, while I was working at the Evanston Hospital. I had been saving my money to buy a car, which I did, but then, luckily, I had some left over, so we decided to take a trip to Mexico. I told my husband that I wanted to see where my roots were from.

This was in 1952 and the roads were very rugged. We went all the way to Puebla and Cholula and then, on the way back, we stopped in the little town of San Miguel de Allende. I had heard about it from a couple in Taos who used to winter here. We found it on the map and drove down a lot of dirt roads before reaching the Salida a Querétaro. We weren't very impressed as we drove down the Salida, but soon we came upon the old market on Mesones, which had a lot of local color. We kept driving and

Silvia Samuelson

Nací en 1926 en Las Vegas, Nuevo México. Mi apellido de soltera es Cabeza de Vaca, supuestamente el del famoso conquistador Álvar Núñez Cabeza de Vaca. Crecí en Nuevo México y luego fui a la universidad y a la escuela de enfermería en Chicago. Conocí a mi esposo, Fred Samuelson, cuando él estudiaba en el *Chicago Art Institute*, donde obtuvo su título de Maestría. Nos casamos en cuanto él terminó sus estudios. Yo, mientras tanto, estuve trabajando en el *Evanston Hospital* y ahorrando dinero para comprar un coche—cosa que hice y como afortunadamente me había sobrado algo, decidimos hacer un viaje a México. Le dije a mi esposo que quería ver dónde estaban mis raíces.

Esto fue en 1952 y los caminos eran muy abruptos. Hicimos todo el recorrido hasta Puebla y Cholula y entonces, de regreso nos detuvimos en el pequeño pueblo de San Miguel de Allende. Yo había oído hablar de él por una pareja de Taos que acostumbraba venir en invierno. Lo localizamos en el mapa y manejamos por muchos caminos de terracería antes de llegar a la Salida a Querétaro. No nos impresionó mucho la bajada por la Salida, pero de repente nos topamos con el viejo mercado de la calle de Mesones, lleno de colores. Seguimos manejando y finalmente llegamos a la Posada de San Francisco, después de que unos muchachos, que habían estado siguiendo nuestro coche, nos dijeron que era el mejor lugar para quedarnos. En ese tiempo no había muchos coches, así que llamábamos mucho la atención.

Esa noche se celebraba la primera Posada y fue lo más hermoso que había visto en mi vida. Era tan dulce y conmovedor, con niños, burros y velas. Me pregunté cómo era posible que sucediera algo así.

A la mañana siguiente, mi esposo se puso a hablar con una pareja de franco-canadienses que habían encontrado una casa para rentar en Santo Domingo y estaban muy emocionados. Nos dijeron que fuéramos a echar un vistazo a unos departamentos que rentaba Phil Engelbrecht junto al suyo. Yo tenía mucha curiosidad. Tomamos uno de los pocos taxis que había en el pueblo y fuimos a verlos. Los departamentos eran muy sencillos pero con lo suficiente y sólo costaban diez dólares al mes—algo que podíamos costear. Sólo disponíamos de quinientos dólares, pero en ese tiempo era una cantidad respetable para vivir en San Miguel. Yo dije:

finally ended up at the Posada de San Francisco, after a few boys, who had been chasing our car, said it was the best place to stay. At that time, there weren't many cars, so we attracted a lot of attention.

That night was the first night of the Christmas Posadas, and it was the prettiest thing I had ever seen. It was tender and sweet, with children, donkeys, and candles. I thought to myself, how could this possibly be happening?

The following morning, my husband started talking to a French-Canadian couple that had just found a house to rent on Santo Domingo. They were very excited and told us to go take a look at some apartments next to their new house, owned by Phil Engelbrecht. Since I was so curious, we hailed one of the few taxis in town and drove up to see them. The apartments were very simple, but sufficient, and only cost $10 dollars a month—something we could afford. We had just $500 dollars to our names, but at the time, it was a large amount to live on in San Miguel. I said, "Let's take it, since we have nothing to rush back to in the States." The other tenants were all foreigners and very interesting, mostly writers and artists. That night, we were invited to a party and all the expats were there. We got to meet everybody and immediately felt at home.

Not long after settling in, Fred met Stirling Dickinson, who offered him a job teaching at the Instituto Allende. The pay was very low, but he had nothing else to do. At the time, there was only one art gallery in town—the Instituto. The faculty, which consisted of James Pinto, Enriquez López, Fred, and a few others, had their work showing there. Fred's art sold well, which allowed us to stay a little longer.

I volunteered at the only hospital, which was close to San Juan de Dios. I had a friend at the time that was pregnant, and was in labor at the hospital for hours. She asked for something for the pain, even an aspirin, but they wouldn't give it to her. The doctor said she was supposed to suffer while giving birth. On trips back to the States, I would buy polio vaccine and try to vaccinate as many children in our neighborhood as possible. It was a major problem in the area and many people were afflicted with this horrible disease.

By the late fifties, more expats started to arrive in San Miguel—word had gotten out about the art school and cheap cost of living. It was a beautiful time. Mexicans accepted me into their community quickly, since I was Latina and spoke some Spanish. We would meet almost every morning under the *portales* at Bugambilia. That's where we'd make our

Back view of the original San Miguel market, 1955.

"Hay que tomarlo", pues no teníamos ninguna prisa por regresar a los Estados Unidos. Los otros inquilinos eran extranjeros muy interesantes, escritores y artistas en su mayoría. Esa noche nos invitaron a una fiesta y allí estaban todos los expatriados. Conocimos a todo el mundo e inmediatamente nos sentimos en casa.

Poco después de establecernos, Fred conoció a Stirling Dickinson, quien le ofreció un trabajo de maestro en el Instituto. El sueldo era muy bajo, pero él no tenía nada más que hacer. En ese tiempo sólo había una galería de arte en el pueblo: la del Instituto. El profesorado estaba integrado por James Pinto, Enríquez López, Fred y algunos más; tenían sus obras expuestas allí. Las obras de Fred se vendían bien y eso nos permitió quedarnos un poco más.

Yo trabajé como voluntaria en el único hospital del pueblo, que estaba cerca de San Juan de Dios. Tenía entonces una amiga embarazada que, después de horas de parto en el hospital, pidió algo para el dolor -aunque fuera una aspirina, pero no le dieron nada. El doctor le dijo que para dar a luz había que sufrir. Cuando yo viajaba de regreso a los Estados Unidos

dates. Everyone was poor, so most of the dinner parties consisted of tequila and Chihuahua cheese, because it was the cheapest thing to serve. We were all family.

Fred and some of his colleagues would get together every week and discuss each other's work. It was such a great atmosphere, where everyone helped each other. That's when they decided to start a community art gallery—the first commercial art gallery in town. There were six original members: Fred, Harold Black, Leonard Brooks, Lucille Wilkinson, Diederich Cortland, and Margaret Schmidt. We opened in 1962, after deciding on the space next to Bugambilia, since it didn't need to be renovated. Most of the other buildings in town were in bad shape. The rent was 600 pesos a month, which came to $25 dollars per person at the time. We used to have openings every two weeks. They were always big events, since there wasn't anything else to do. The partners changed throughout the years with my husband and me eventually ending up as the sole proprietors.

During that time, we adopted two children in Mexico City, who were just beautiful. They were raised here in San Miguel, but both now live in the States.

Little by little, as the gallery made money, we would put some aside to build a house. We decided to buy property in Atascadero. Peter Olwyler had bought the first lot up there, but he never built. There was nothing in the whole area, except a ruin of an old school. We finished our house in 1968; it was the second house built in Atascadero.

A big part of our social scene in the '60s was the opening of the country club. It was a joint effort, started by David Cohen, Paco Garay, Pedro Gerez, Nell Fernández, and a few others. There was nothing else to do at the time, so everyone was quite excited. The property was twenty *centavos* a meter when they purchased it. Nell really pushed for the project.

I moved to my current gallery location (next to the police station on the Jardín) in 1980. A few of my first artists are still represented on these walls, such as Erv Kaczmarek, Adolfo Blanco, and Restituto Rodríguez. I'm also working with the third generation of the Orozco family: grandfather, son, and grandson. After more than forty-five years, I still come to work every day. There's only a few of the original expats still around, I think maybe four or five others, besides myself, and we're all still keeping busy.

compraba vacunas para la polio y trataba de vacunar al mayor número posible de niños en nuestra colonia. Era un problema serio en la zona y mucha gente había contraído esa terrible enfermedad.

A fines de los 50's comenzaron a llegar a San Miguel más expatriados, se había corrido la voz acerca de la escuela de arte y el reducido costo de la vida. Fue una época bonita. Como yo era latina y hablaba algo de español, los mexicanos rápidamente me aceptaron en su comunidad. Casi todas las mañanas nos reuníamos en los portales en Bugambilia. Allí era en donde hacíamos nuestras citas. Todos eran pobres, así que las fiestas consistían en tequila y queso Chihuahua, porque era lo más barato. Éramos como una familia.

Fred, y algunos de sus colegas se reunían cada semana para discutir sobre sus respectivas obras. Había un ambiente increíble, en el que todos se ayudaban uno al otro. Fue entonces cuando decidieron empezar una galería de arte comunitario—la primera galería de arte comercial del pueblo. Hubo seis miembros originales: Fred, Harold Black, Leonard Brooks, Lucille Wilkinson, Diedrich Cortland y Margaret Schmidt. La inauguramos en 1962, después de decidirnos por el local junto a Bugambilia, ya que no necesitaba ser renovado. La mayoría de los otros espacios en el pueblo estaban en mala condición. La renta era de seiscientos pesos al mes, o sea que a cada quien le tocaba pagar veinticinco dólares de ese tiempo. Cada dos semanas acostumbrábamos tener inauguraciones. Eran siempre todo un acontecimiento, pues no había otra cosa que hacer. A través de los años, los socios fueron cambiando y mi esposo y yo terminamos siendo los únicos dueños.

Durante esa época, adoptamos dos niños en la Ciudad de México que eran simplemente hermosos. Ellos crecieron aquí en San Miguel pero ahora viven en los Estados Unidos.

Poco a poco, a medida que la galería produjo ganancias, fuimos ahorrando algo para construir una casa. Decidimos comprar un terreno en el Atascadero. Peter Olwyler había comprado allí el primer lote, pero nunca construyó. No había nada en toda el área excepto una vieja escuela en ruinas. En 1968 terminamos nuestra casa, que fue la segunda que se construyó en el Atascadero.

Una gran parte de nuestra vida social en los 60's se dio con la apertura del Club Campestre. Fue un esfuerzo colectivo gracias a la iniciativa de David Cohen, Paco Garay, Pedro Gerez, Nell Fernández y algunos otros. Como entonces no había otra cosa que hacer, todos estaban muy emocio-

Yesterday I was walking through the Jardín when an elderly Mexican gentleman stopped to say hello. I couldn't place him, until he reminded me that he was the taxi driver who drove Fred and me up to Santo Domingo to look at an apartment, just out of curiosity, all those years ago. He had spent most of his life working in California and was amazed that I was still here. Even though the town has grown a lot, San Miguel is still a small town at heart.

nados. Cuando compraron el terreno el metro costaba veinte centavos. Nell fue quien realmente se empeñó en el proyecto.

En 1980 cambié la galería de su lugar original a la ubicación que actualmente tiene, frente al Jardín, junto a la estación de policía. Algunos de mis primeros artistas como Erv Kaczmarek, Adolfo Blanco y Restituto Rodríguez todavía tienen obras expuestas en esos muros. También estoy trabajando con la tercera generación de la familia Orozco: abuelo, hijo y nieto. Después de más de cuarenta y cinco años, sigo viniendo a trabajar diariamente. Ya sólo quedan algunos de los expatriados originales, serán unos cuatro o cinco además de mí, y todos nos seguimos manteniendo activos.

Ayer, iba yo caminando por el Jardín y un caballero mexicano, ya mayor, se detuvo a saludarme. Yo no podía ubicarlo hasta que él me recordó que era el chofer del taxi que hace tantos años nos había llevado a mí y a Fred a Santo Domingo a buscar un departamento sólo por curiosidad. Él había pasado la mayor parte de su vida trabajando en California y le sorprendió que yo todavía estuviera en San Miguel. Aunque el pueblo haya crecido tanto, San Miguel todavía es en realidad un pequeño pueblo.

Lucina Sánchez González

Lucina Sánchez González

My family has been in San Miguel for three generations. I was born in the house next door (on the Jardín) in 1927. When I was six, I came to live in this house and I've spent my entire life here.

My father was a businessman and my mother, naturally, took care of her house—she was a housewife. We were ten children, so we kept her very busy. On the first floor of the house, my father had a grocery store, and on the corner was the haberdashery of Sr. Ezequiel López (now Helados Bing). Originally, my father put in a clothing store, but when the Revolution came, the grocery store quickly replaced it. Groceries were urgently needed, since everything was being stolen.

In the time of the Revolution, they looted and stole from everyone. They left my father with nothing. He rented this property from my maternal grandparents who lived next door. They had a full life, living from their rents. They bought this house from don Domingo Allende, Ignacio Allende's brother, who lived on the opposite corner.

When I was a girl, San Miguel was much more quiet and very beautiful. On holidays, the pastime was to go to the Jardín and listen to ser-

Lucina Sánchez González

Mi familia es de San Miguel desde hace tres generaciones. Nací en 1927 en la casa de al lado (en el Jardín). A los seis años me vine a vivir a esta casa y he pasado aquí el resto de mi vida.

Mi papá era comerciante y mi mamá pues naturalmente, entregada a su casa, completa ama de casa. Éramos diez y manteníamos a mi mamá súper ocupada. En la parte de abajo de la casa, tenía mi papá una tienda de abarrotes y en la esquina había una mercería del señor Ezequiel López (ahora Helados Bing). En un principio mi papá puso una tienda de ropa. Los abarrotes fueron ya de emergencia porque en la época de la Revolución lo robaron todo y entonces pusieron la tienda porque los abarrotes era lo que más se necesitaba.

En tiempos de la Revolución a todos los saqueaban y robaban. A mi papá lo dejaron sin nada. Él rentaba esta propiedad de mis abuelos maternos que vivían al lado. Ellos llevaban una vida muy completa, vivían de sus rentas. Esta casa se la compraron a don Domingo Allende, un hermano de Ignacio Allende, que vivía en la otra esquina.

Cuando yo era niña, San Miguel era mucho más pacífico y muy bonito. En días festivos, la diversión era ir al Jardín a oír las serenatas. Siempre que íbamos al Parque o a la Fábrica a ver los patos, era con las nanas, porque no nos dejaban ir solos a esos lugares tan retirados y tuvimos nanas hasta muy grandes.

Mi mamá se llamaba Rebeca González pero no era de la otra familia González. Se educó en Guadalajara con las Damas del Sagrado Corazón que era un colegio muy bueno en donde aprendían inglés, francés, latín. Su familia tuvo un rancho muy grande y muy bonito que estaba en Dolores. Algunas cosas de la casa, incluyendo los vidrios, eran de Francia porque mi mamá hablaba muy bien francés y se le facilitaba hacer pedidos y se los mandaban.

Nosotros teníamos una huerta chica aquí detrás de la casa, que hasta la fecha existe. Pero la disfrutamos mucho. Había árboles frutales—chabacano, chirimoyo, naranjas—pero no teníamos animales.

Había una carnicería donde ahora viven los Dobarganes. Ahí se iba a comprar la carne. La comida era igual que ahora: sopa aguada, sopa de arroz, un guisado sabroso y frijoles que no faltaban. Si no comíamos aunque fuera una probadita de frijoles, no nos daban dulce. Y todos los

enades. Whenever we went to the park, or the Fábrica to see the ducks, it was with our nannies, because my parents wouldn't let us go to these faraway places alone. We had nannies until we were quite old.

My mother was Rebeca González, but not from the other González family in town. She was educated in Guadalajara at the Ladies of the Sacred Heart. It was a good college where they learned English, French, and Latin. Her family had a large, beautiful ranch in Dolores. Some of the things in this house, including the windows, are from France. They ordered them because my mother spoke French well and it was easy to place orders and have things sent over.

We had a small orchard behind the house that still exists today. We used to enjoy it so much. There were fruit trees: apricots, custard apples, oranges, but no animals.

There used to be a butcher where the Dobarganes family now lives. That's where we bought meat. The food was the same as today: soup, rice, a delicious main dish, and always beans. If we didn't eat at least a bite of beans, then there was no dessert, and every day there was a good dessert. My mother cooked well. She didn't go into the kitchen, but she gave the orders. She had both a cook and a house girl. We had about ten servants. Now it's just my sister Olivia and myself.

Señor Lino had an old car—the first in San Miguel. This little car was also the first taxi. It was always parked in front of the Posada de San Francisco. Both locals and tourists used it a lot. Señor Zavala also had a nice car. Trolleys (pulled by donkeys) were used to transport heavy loads.

Every day, we went to mass at the Parroquia, sometimes with our parents that went early, at six in the morning, because my father opened the store at eight. I still go to mass every day.

Things in San Miguel began to change when the foreigners arrived. The town began to wake up. It became more open and there were a lot of parties. Two of my sisters married foreigners. Since my parents knew them very well and they were good men, they didn't oppose the weddings.

We've grown accustomed to living with foreigners, but they remain separate. I can't tell you why, but before we mixed more. Now, we're together, but not mixed together.

I worked in our store (Super Sánchez*) for many years. Even though it was in the same location as my father's, it was a different kind of store. I started when I was very young and worked all my life. At the beginning, I worked with my siblings, but later I was alone, working until I decided

días había un buen postre. Mi mamá cocinaba muy bien. Ella no se metía, pero ordenaba. Tenía una cocinera y una galopina. Teníamos como diez criados. Ahora somos sólo dos, Olivia mi hermana y yo.

Había un coche de un señor Lino, que ya tenía muchos años. Ese cochecito fue el primero en San Miguel y era el primer taxi que hubo, siempre estaba allí frente a la Posada de San Francisco. La gente de aquí y los turistas lo usaban mucho. También el licenciado Zavala tenía un coche muy bueno. Sí había tranvías, que eran los que traían la carga.

Íbamos diario a misa a La Parroquia, a veces con mis papás que iban temprano, a las seis de la mañana, porque mi papá abría la tienda a las ocho. Yo sigo yendo a misa todos los días.

Con la llegada de los extranjeros San Miguel empezó a cambiar un poco, despertó un poco más, se volvió más abierto, había más fiestas. Dos de mis hermanas se habían casado con extranjeros. Como mis papás los conocían muy bien y eran hombres muy buenos no se opusieron a las bodas.

Nos acostumbramos a vivir con los extranjeros pero también están como separados, no me explico por qué pero antes se convivía más con ellos. Estamos juntos pero no revueltos.

Yo trabajé en nuestra tienda (Súper Sánchez*) muchos años. Aunque estaba en el lugar de la tienda de mi papá, era otra clase de tienda. Empecé desde muy chica y trabajé toda mi vida. Al principio trabajé con mis hermanos, pero después ya me quedé sola por un tiempo hasta que decidí cerrarla en 1996 ya por cansancio. Era un negocio muy bonito, conocí a mucha gente. Todavía la extraño y a la vez ya no sería posible porque ya me cansaría mucho.

Parece que hay mucho movimiento, pero San Miguel tiene sus costumbres muy arraigadas y sigue siendo el mismo, siempre conservador. Aunque parezca estar muy descompuesto, siempre conserva la esencia de lo que es.

En una época, la casa estaba llena de gente. Aquí crecimos todos. Ahora que somos dos, vienen de visita los sobrinos y sus hijos y nietos. Es raro que estemos solas. Estoy muy satisfecha con la vida que he llevado. No he ambicionado más porque ha sido una vida muy bonita.

*El Súper Sánchez fue una de las tiendas de abarrotes más concurridas de San Miguel. Debido a su céntrica ubicación, todo el mundo iba a comprar allí. Era un lugar en donde uno podía encontrar a los amigos, enterarse

to close in 1996—I was exhausted. It was a nice business, though, and I got to know a lot of people. I still miss it, but it would be impossible now.

It seems like there's a lot going on, but San Miguel has deeply-rooted, conservative customs and they're still the same. Even though the town seems to be broken, it always keeps its essence.

There was a time when this house was full of people. We all grew up here. Now that we're just two, our nieces and nephews and their children and grandchildren come to visit. It's rare that we're alone. I'm happy with the life I've had. I never had more ambition because it's been a beautiful life.

*Super Sánchez was one of the town's busiest grocery stores. Due to its central location, everyone stopped in. It was a place where you could run into friends, hear the latest news, as well as make your evening plans—all while waiting in line as Señorita Sánchez, sitting at the cash register, tallied your bill.

de las últimas novedades así como hacer planes para la noche—todo esto haciendo cola mientras la señorita Sánchez, sentada tras su máquina registradora, te preparaba la cuenta.

Parroquia, 1944.

Antonia Soto Guerrero

Antonia Soto Guerrero by Jane Evans.

I was born in San Miguel in October of 1923. My father, José Soto, came from the rural community of El Membrillo, but his family moved to town when the Cristeros arrived. When he got here, he worked at the Fábrica La Aurora making *manta*.

My mother's family was from here. My grandmother was widowed very young and went to work in Mexico City, leaving my mother, Socorro Guerrero, with some aunts. She married my father when she was fifteen years old and had six children, actually more, but some died.

When we were little, my father opened a dry goods store on Barranca. That's where he had his business when one day the Cristeros entered, believing him when he said he was a spy. They shot at him from the doorway. He had a large cart where he cooked carnitas and that's where the bullets ricocheted. For many nights after that, he slept inside the store to protect it.

When we were young, I helped my father take care of the store. We lived in poverty because he earned so little, subsisting on rice not to be hungry. There was never enough money. In those days, it was very hard to save even one hundred pesos. My mother suffered a lot washing clothes and cooking.

Antonia Soto Guerrero

Nací en San Miguel en octubre de 1923. Mi papá, José Soto, era del rancho El Membrillo, pero su familia se vino aquí al pueblo cuando llegaron los cristeros. Al llegar, él comenzó a trabajar en la Fábrica La Aurora haciendo manta.

La familia de mi madre era de San Miguel. Mi abuela quedó viuda muy joven y se fue a trabajar a México. Ella dejó a mi mamá, Socorro Guerrero, viviendo con unas tías. A los quince años se casó con mi papá y tuvo seis hijos, más, pero unos murieron.

Cuando éramos chicos mi papá abrió una tienda de abarrotes en Barranca. Allí tenía su negocio cuando entraron los cristeros, le creyeron cuando les dijo que él era un espía. Lo balacearon en la puerta de la tienda. Tenía un gran cazo en donde cocinaba carnitas. Los balazos rebotaron allí. Después de esto, muchas noches se quedaba en la tienda para cuidarla.

Cuando éramos chiquitos yo le ayudaba a mi papá a cuidar la tienda. Vivíamos en la pobreza, porque mi papá ganaba poco dinero. Nos sostenía con arroz para que no tuviéramos hambre. No le alcanzaba el dinero. En aquel tiempo se batallaba mucho para juntar cien pesos. Mi mamá sufrió mucho lavando ropa y cocinando.

Tengo muchos recuerdos de la mamá de mi papá porque nos criamos allí junto con ella en una casa en la calle de Huertas. Le gustaba mucho echar tortillas, hacer su atole y molcajete de chile. Echaba muchos tacos de nopales con chile para nosotros.

En 1942, nos fuimos a vivir en Mesones #38, lo que ahora es el Mesón de San José. Mi papá se lo rentó al dueño para poner unos baños públicos, pues no había en San Miguel y también como mesón, para que se quedara la gente. Todo el tiempo fue un mesón. La renta era de veinticinco pesos al mes. Mi papá arregló los techos porque todo estaba tirado y sucio.

Entonces la gente del mercado, que estaba en la plaza de enfrente (ahora la Plaza Cívica), iba a hacer sus necesidades adentro. Al corral entraban burros y caballos. Les cobraban cinco centavos por cada burro y diez por cada caballo. Los dueños de los animales se quedaban a dormir en el corredor, acostados en un petate. Les cobraban diez centavos. Venían de los ranchos al mercado a vender pulque, aguamiel, tunas, cosas del campo.

I have many memories of my father's mother because we grew up with her in a house on Huertas. She liked making tortillas, *atole*, and salsa in the *molcajete*. She made us a lot of tacos with *nopales* and *chile*.

In 1942, we went to live at Mesones #38, which is the Mesón de San José. My father rented the house from the owner in order to put in public restrooms, because there weren't any in San Miguel. He also continued to run the *mesón* (inn). The house had always been an inn. The rent was twenty-five pesos a month. My father fixed the roofs because everything was falling apart and dirty.

Back then, the people from the market, which was in the plaza across the street (now the Plaza Civica), came to use the bathrooms. They brought their donkeys and horses inside, into the corral. They charged them five cents for each donkey, ten cents for each horse. The animals' owners also stayed, sleeping in the corridors on *petates* (straw mats). They were charged ten cents a night. They had come to the market to sell *pulque, aguamiel, tunas*—-things from the countryside. There was only one taxi in town, an old beat-up car. It brought people from the train station to the inn when they arrived from Mexico City.

When they took the market away in the seventies, everything changed. We lived inside that house for fifty years.

I met my husband in 1940. We married three years later in the Parroquia. Back then, when women got married, no one gave them a party, or did anything special. You would only go to mass and afterwards listen to mariachis and sing. Before people went to mass every day and prayed with their rosaries at night. Today people don't go to church much; they don't believe in anything.

Most people used to think why bother with an education; it's better just to start working. Because of this, I only finished the second year of primary school. Since I didn't like school, it was fine by me.

In 1942, I put my store in the entryway of the Mesón, selling baskets, *comales*, things for the kitchen. About forty years later, I moved into a small room next door. I still spend my days taking care of my store; I'm here all the time. It's been a very big part of my life.

Author's Note:

For those who remember Sra. Soto's store on Mesones, it was full of what I refer to as traditional cookware. Everything from *molcajete*s and *mo-*

San Miguel's original market, 1939. This space is now the Plaza Cívica.

Había nada más un coche viejo de sitio que iba a la estación a traer gente al mesón cuando llegaban de México.

Cuando quitaron el mercado en los 70's, todo cambió. Duramos cincuenta años viviendo allí.

Conocí a mi esposo en 1940. Nos casamos tres años después en la Parroquia. En aquel entonces, cuando uno se casaba, a las mujeres no les hacían nada de fiesta ni nada. Nomás se iba a misa y saliendo, a oír a los mariachis y a cantar. Antes la gente iba todos los días a misa y rezaban los rosarios en la noche. Ya la gente no asiste mucho a la iglesia, ya no creen en nada.

En aquel entonces decían que para qué estudiaba uno, que era mejor ponerse a trabajar. Por eso nada más terminé el segundo año de primaria. Como a mí no me gustaba la escuela, estuvo bien.

En 1942 puse mi tienda en el zaguán del mesón, ahí vendía canastas, comales, cosas para la cocina. Como cuarenta años después me cambié a un lado. Todavía paso mis días cuidando mi tienda, todo el tiempo aquí. El comercio ha sido una gran parte de mi vida.

Antonia Soto in her store on Mesones.

linillos to tortilla presses, hand-woven baskets and carved statues of San Antonio—the patron saint of the kitchen.

I interviewed Sra. Soto in her store, sitting in the same place she had sat for decades, and there she stayed, taking care of business until the day she died. Her store, now run by her daughter, continues at its new location at Hidalgo # 76.

Nota de la Autora:

Para aquéllos que recuerdan la tienda de la Sra. Soto en Mesones, ésta era una jarciería llena de lo que yo llamo utensilios de cocina tradicionales. Había desde molcajetes y molinillos hasta prensas para hacer tortillas, canastas tejidas a mano y estatuas talladas de San Antonio, el santo patrono de la cocina.

Yo entrevisté a la Sra. Soto en su tienda. Ella estaba sentada en el mismo lugar en el que lo había estado casi a diario por décadas y así siguió hasta su muerte. Su tienda, ahora a cargo de su hija, se encuentra en Hidalgo #76.

Raymundo Torres Badillo

Raymundo Torres Badillo

I'm not exactly sure when I was born, since I don't have a birth certificate, but according to my calculations I'm eighty-four years old. I was born in a ranching community near Pozos called San Isidrito and spent my childhood taking care of the few animals that my parents had.

My father worked in these mines (in Pozos) until his last years. His life was very sad because with what he earned he could barely support himself. It was the same when I began to work here—I earned a peso a day.

I was about thirteen years old when I started working. At first, I did chores at the mine—that's the first job they gave out when people arrived. I was also a laborer that wielded a pickaxe and a carrier inside the mines, carrying the metals to the shafts. I manned the mercury ovens and later, when they brought in machines to drill into the rock, I did that too...I basically did all these tasks.

I only earned enough for corn. There wasn't money for salt or anything else. We ate *nopalitos, quelites* when they were in the cornfields, sometimes beans. Everything was scarce.

I worked eight hours a day below. There were three shifts, working

Raymundo Torres Badillo

No sé exactamente cuándo nací porque no tengo boleta pero según mis cuentas tengo ochenta y cuatro años. Nací en un ranchito cerca de Pozos que se llama San Isidrito y pasé mi juventud cuidando unos animales que tenían mis padres.

Mi padre trabajó en estas minas (en Pozos) hasta sus últimos años. Su vida fue muy triste porque con lo que él ganaba no se alcanzaba ni a mantener uno mismo. Igual seguimos cuando yo empecé a trabajar aquí, ganaba un peso diario.

Cuando empecé a trabajar tenía yo como trece años. Primero fui faenero, que era el primer trabajo que se les daba a los que estaban llegando a trabajar; también fui barretero a mano; fui carrero dentro de las minas, llevando los metales a los tiros; fui hornero del mercurio; fui perforista, cuando vinieron las máquinas para perforar la piedra...todos esos quehaceres yo los hice.

No ganaba más que pa'l puro maíz, no quedaba para sal ni para nada. Comíamos nopalitos, quelites cuando había en las milpas, frijolitos de vez en cuando. Todo estaba escaso.

Yo trabajaba ocho horas abajo. Eran tres turnos, se trabajaba las 24 horas. Este lugar nunca estaba solo ni un ratito. No había ni monte, todo estaba limpiecito, había luz eléctrica, veladores. El único día que estaba solo era el domingo, pero entre semana, de día y de noche había gente. Había malacatones toda la noche sacando los metales de abajo de la mina con un zumbidazo.

Se sacaban muchos metales—plata, mercurio, cobre, bronce, plomo, fierro, galena—, pero casi todo lo mandaban a las fundiciones de San Luis Potosí, menos el mercurio que aquí mismo se procesaba, se quemaba y se entregaba líquido. Todavía hay metales en las minas. Ahorita lo que falta es que haiga quien las trabaje.

De joven, yo alcancé a ver a los cristeros, eran muchos, resultaban unas cuarenta o cincuenta retahílas de caballos. Ellos andaban en contra del ejido[12] y entonces qué capaz que un hombre tuviera dos mujeres, lo sacaban y lo mataban...pero al que más le tiraban los cristeros era al ejidatario porque se apoderaba de cualquier terreno así nomás. Hubo muchos muertos, dicen que los cristeros andaban defendiendo a Nuestro Señor y

twenty-four hours in total. This place was never alone, not even for a minute. There weren't any piles of debris—everything was clean. There was electricity and watchmen. The only day that everything was closed was on Sunday, but during the week, day and night, there were people. All night long, there were miners extracting metals from the mine below with a thunderous noise.

They extracted a lot of different metals: silver, mercury, copper, bronze, lead, iron, lead sulfite. They sent almost everything to the foundries in San Luis Potosí, except the mercury, which was processed here—burnt and liquefied. There are still metals in these mines. Now what's missing are the people to do the work.

When I was young, I saw the Cristeros. There were many of them—forty or fifty in a line on horseback. They were against the *ejido*.[12] If they saw that a man had two wives, they would drag him out and kill him… but they mostly persecuted the owners of *ejidos*, because they took possession of the land, just like that. Many people died. They say that the Cristeros were defending our Lord, but they were also taking advantage of people because they stole from them.

I only had one brother and about six sisters. I think my mother's life was good because I saw how well my father treated her. She was poor and worked a lot, but I never saw that he hit or mistreated her.

When I was a boy, Pozos was already a big city. Almost all the houses were made of adobe; some were quite tall. Pozos was a town with a lot of money. There was a lot of gold at the Los Cinco Señores mine. So much that people would make large gold or silver buckles for their shoes.

I was married about sixty-five years. My wife came from far away—she lived three hours away on horseback, on foot it would have been five or six hours. I met her in San Luis de la Paz. She and her family made cheese, which they sold. I got married very young, at sixteen. She was thirteen. We had around six girls and three boys. One died six years ago. He was thirty-five years old. He died at the end of April. My wife died at the beginning of June. In a month, they were both gone. Immediately, I knew that my wife couldn't handle the death of the boy.

Out of the girls, three are married in Mexico City, one in Cuernavaca. God be praised that they come to visit me. God will pay their husbands (for letting them come).

I feel happier than before, because everything has changed—now one

carrillando a la gente porque hasta robaban también.

Nada más tuve un hermano hombre y como seis mujeres. Yo creo que la vida de mi mamá fue buena porque yo veía que mi padre la trataba bien. Pobre, pero trabajaba mucho y nunca vi que la golpeara o que la maltratara.

Cuando yo era niño, Pozos era una ciudad ya grande. Las casas eran casi todas de adobe, aunque había algunas altas. Pozos fue un pueblo de mucho dinero. En la mina de Los Cinco Señores hubo mucho oro. Tanto que la gente se hacía unas hebillas bien grandes de oro o de plata para sus zapatos.

De casado he de tener como unos sesenta y cinco años. Mi esposa era de muy lejos, vivía a tres horas de camino a caballo, porque a pie hacía uno como unas cinco o seis horas. La conocí en San Luis de la Paz. Ella y su familia acostumbraban hacer

Abandoned building in Pozos.

quesos que venían a vender. Yo me casé muy tierno, a los dieciséis años y ella tenía trece. Tuvimos como unas seis mujeres y tres hombres. Uno se murió hace seis años. Tenía treinta y cinco años. Él se murió en salidas de abril. Mi esposa se me murió en entradas de junio. En un mes se me fueron los dos. Luego luego pensé yo que a mi esposa se le iba a cargar la muerte del muchacho.

De las mujeres, tres están casadas en México y una en Cuernavaca. Bendito sea Dios vienen a visitarme. Dios se lo pague a sus esposos.

Yo me siento más feliz ahora que antes por motivos de que ahora ya cambió todo, ya gana uno más centavitos. Porque entonces con familia y en este trabajo de la mina—no sólo yo—muchos andábamos hasta sin camisa porque no le alcanzaba a uno ni pa' comer, menos pa' comprar un trapo con qué cubrirnos cuando trabajábamos en las minas. Andábamos hasta encuerados.

earns more money. Back then, working in the mines and with a family to support, not only me, but also many of us went without shirts because we didn't have enough to eat, much less to buy a "rag" to cover ourselves when working in the mines. We basically went naked.

I'm not sure how old the mines are, but they say that the three pointed ovens were already working four hundred years ago. These are the originals. The Spanish worked them. The mines closed in 1965. The last owner died and there wasn't anyone to take his place, so they were abandoned.

At home we had animals: cows, goats, sheep. So, when I was young I learned to drive a yoke and to plow, everything. That's why when the mines closed I could look for a different job. I planted my field the entire time and had a few animals.

Now, thanks to the Lord, I'm better. I don't work anymore, because I can't, but I can tell you how I suffered.

The original smelting ovens in Pozos.

No le sé decir de cuándo son las minas porque los hornos de tres picos, dicen que estaban funcionando hace cuatrocientos años. Ésos son los originales y la trabajaron los españoles. Las minas cerraron en 1965. El último patrón que estaba murió y como ya no hubo quién le siguiera pa' delante, se quedaron abandonadas.

En la casa había animales—reses, chivas, borregas—y desde chico aprendí a arrear una yunta, a hacer los aperos con que se trabajaba, todo. Por eso cuando se acabó lo de las minas dije pues vamos a buscarle a otro lado. Todo el tiempo he sembrado y he tenido por ahí unos animalitos.

Ahora, bendito sea Dios, estoy mejor. Ya no trabajo porque ya no puedo, pero les cuento todo lo que yo sufrí.

Dotty Vidargas

Dotty Vidargas by Jane Evans.

I came to San Miguel in 1947 on the G.I. Bill to study painting at Bellas Artes. I had been an air traffic controller in the Army Airwaves Communications Services. I was one of the many women who filled these jobs while the men were away. After the war, I enrolled in the American Academy of Art in Chicago instead of returning to college. When I was just about to graduate, a friend told me about San Miguel. I don't know how he knew, but it was a coincidence that the director, Stirling Dickinson, had once lived around the corner from my house. This was the only reason my mother let me go.

About a hundred people originally came to study at Bellas Artes on the G.I. Bill. They arrived with the help of the American Embassy. We all studied painting with live models. *Life* magazine put one of our nude models on their cover with some students sketching her in the background. She was the wife of one of the Americans, since there wasn't a Mexican here who would do such a thing. I believe that's why the program became so successful.

Dotty Vidargas

Vine a San Miguel en 1947 para estudiar pintura en Bellas Artes a través del *G.I. Bill*. Antes había estado trabajando en el *Army Airwaves Communication Services* como operadora de torre. Yo fui una de las muchas mujeres que trabajaron en puestos como éstos mientras los hombres estaban fuera. Después de la guerra no regresé a la universidad, en lugar de eso fui a la *American Academy of Art* en Chicago. Cuando iba a terminar mis estudios un amigo me habló de San Miguel. No sé cómo supo él, pero daba la casualidad de que el director, Stirling Dickinson, había vivido a la vuelta de mi casa. Sólo por eso mi mamá me dejó venir.

Llegaron como cien personas que vinieron a estudiar en el programa del *G.I. Bill*—todos en Bellas Artes. Llegaron por medio de la embajada americana. Todo era pintura, clases con modelos. Una vez, en la portada de la revista *Life*, salió una foto con una muchacha modelando desnuda con algunos estudiantes dibujándola, pero ella era esposa de un americano. Aquí no había ninguna mexicana que se atreviera a modelar así. Creo que por eso el programa tuvo mucho éxito.

Cuando llegué a San Miguel había como ocho mil habitantes. Para hablar por teléfono había una operadora allí por Hidalgo y uno tenía que hablar con ella para decirle con quién quería hablar. Siempre sabía dónde andaba todo el mundo. Y a veces uno tenía que ir allí para despertarla o decirle que contestara el teléfono. También había que mandarles recados a nuestros amigos para decir pues, "¿Puedo verte?" o "¿A qué horas vienes?" o lo que sea, porque casi nadie tenía teléfono. Por lo general, todos tenían un muchacho que hacía eso.

San Miguel era completamente distinto en aquel tiempo, con muchos burros en las calles. No había coches, ni extranjeros. Los hombres vestían de manta y las señoras usaban rebozos negros con rayas azules. Parecía que uno estaba en el siglo XVIII. Casi nadie tenía estufa, cocinábamos con carbón y tardaba mucho. La luz estaba bastante mal y como no había refrigeradores, teníamos que ir de compras cada día.

El agua para las casas venía directamente de El Chorro. Corría unas cuantas horas al día a través de un angosto canal por en medio de las calles y la gente la recogía y la acarreaba a su casa. Era agua limpia que, con suerte, se podía desviar a la casa de uno a través de un canal separado

When I arrived in San Miguel there were about eight thousand inhabitants. If you wanted to talk on the phone, you would have to communicate with the operator on Hidalgo and tell her who you wanted to speak with. She always knew where everyone was. Sometimes you would have to go over there and wake her up and tell her to answer the phone. We would also send notes to friends saying, "Can I see you?" or "What time are you coming?" or whatever, since almost no one had a telephone. Most people had a boy working for them that ran these types of errands.

San Miguel was so different back then, with lots of burros in the streets. There weren't any cars and few foreigners. The men dressed in *manta* and the women in black *rebozos* with blue stripes. It seemed like it was still the 19th century. Not many people had stoves. We cooked with charcoal and it took forever. Lighting was really bad and there were no refrigerators, so we had to go shopping every day.

Water for the houses came directly from El Chorro. It ran through a narrow canal down the center of the streets for a few hours a day and people would collect it for their homes. It was clean water that you could divert into your house, if you were lucky, through a separate canal when you needed to fill your tank or water your garden.

I met my husband while bowling at the Frontón court on Hidalgo. I had seen him on the street before, but had never talked to him. He was on the San Miguel team and I was on the Bellas Artes team. When we got married in 1948, I quit studying.

Our house is still on Tenerías. All the properties on this street were originally large tanneries from the 18th century, supposedly belonging to the Conde de la Canal. My father-in-law gave us the land—it was his orchard. It had many large trees with different fruits, especially avocado. There were ruins with thick walls over two hundred years old and we used what we could to build our house. In the forties, it was considered outside of San Miguel.

Back then, people went to Taboada for fun—it was the only place to swim. On Sundays we played handball at the Frontón. It's where everyone gathered. There were always lots of games. People also liked to play cards at the cantina, at least until they built the golf club.

Later, the town began to grow. By the late '60s, many San Miguel residents sold their homes in the center of town and began to move into Colonia San Antonio, which was the first neighborhood—before that, nothing was there.

Dotty with Ham Wegner and Ray Brossard. Photo by Stirling Dickinson. Courtesy of Ricardo Vidargas.

cuando se necesitaba llenar el tanque o regar el Jardín.

Conocí a mi esposo una vez que estábamos jugando boliche en el frontón de la calle de Hidalgo. Lo había visto antes en la calle pero nunca habíamos hablado. Él estaba en el equipo de San Miguel y yo en el de Bellas Artes. Cuando me casé en 1948, dejé de estudiar.

Nuestra casa todavía está en Tenerías. Todas las propiedades de esa calle eran tenerías grandes del siglo XVIII, supuestamente del Conde de Canal. El terreno era de mi suegro y él nos lo regaló, antes era su huerta. Tenía grandes árboles frutales y muchos aguacates. También había ruinas con gruesos muros de más de doscientos años. Usamos todo lo que pudimos para construir nuestra casa. En los 40's nuestra casa se consideraba fuera de San Miguel.

En aquel tiempo para divertirse, la gente iba a Taboada—no había otro balneario. Los domingos muchas personas jugaban en el frontón. Ahí era donde todos se reunían. Había muchos partidos. También les gustaba jugar cartas en la cantina, hasta que construyeron el Club de Golf.

Luego empezó a crecer el pueblo. En los '60's los de San Miguel vendieron sus casas del centro y se fueron a vivir a la colonia San Antonio, que fue la primera colonia—antes no había nada allí.

We used to ride horses around the area. When I wasn't on horseback, I was walking around the cobblestone streets in high heels like all my friends in Mexican society. It seems crazy now, but that's what you did back then.

I worked at the Instituto as a bilingual secretary. During my five or six years there, I had five children (one died at birth), so I was always pregnant. Afterwards, in 1960, my husband and I opened a creamery. It

Dotty the Picador, also know as "La Coneja," 1946. Courtesy of Ricardo Vidargas.

was on the first block of Canal, next to where Banamex is now. We bought equipment from Sears & Roebuck and began pasteurizing milk, something that wasn't done before. We bottled it and had a boy with a white jacket who delivered the fresh milk in baskets. Later, we made cheese, cream, butter, and ice cream. It was an interesting, but difficult business.

A few years later, we opened Casas Coloniales where Casa Canal is today and, unfortunately, Starbucks. I was one of the only people in real estate back then; it was something very informal. Everything was word of mouth and my clients were all foreigners.

Thirty-five years ago, we bought the house on the corner of Canal and Zacateros for the business. Everyone told us not to move because we were next to the Jardín. They said, "If you go over there, no one will ever find you." Back then, Zacateros wasn't commercial, but nevertheless we always had a good clientele.

In 1996, I began to work with a small group to restore the temple in the sanctuary of Atotonilco. I also belong to Va por San Miguel, a group that's trying to preserve the cultural aspects of this town.

Acostumbrábamos montar a caballo por los alrededores y cuando yo no estaba a caballo, caminaba por las calles empedradas con tacones como todas mis amigas mexicanas de sociedad. Ahora parece una locura pero eso es lo que hacíamos entonces.

Empecé a trabajar en el Instituto como secretaria bilingüe. Durante los cinco ó seis años que trabajé allí tuve cinco hijos (uno murió al nacer), entonces siempre estaba embarazada. Después, en 1960, mi esposo y yo abrimos una lechería. Estaba ubicada en la primera cuadra de Canal, junto a donde ahora está Banamex. Compramos las pasteurizadoras en Sears Roebuck y pasteurizábamos la leche, cosa que antes no se hacía. La poníamos en botellas y teníamos un muchacho con un saco blanco que iba con canastillas entregando la leche. Luego hicimos queso, crema, mantequilla y helados. Era un trabajo muy pesado, pero bastante interesante.

Unos años después, empezamos Casas Coloniales donde está hoy Casa Canal y por desgracia Starbucks. Yo, realmente, era casi la única persona de bienes raíces, era algo muy informal. Todo era por recomendación y mis clientes eran extranjeros.

Hace treinta y cinco años compramos la casa de la esquina de Canal y Zacateros para el negocio. Todos dijeron: "No vayas a moverte porque estás junto al Jardín. Si te vas de allí nadie te va a encontrar." En aquel entonces Zacateros no era comercial, pero a pesar de esto siempre tuvimos buena clientela.

En 1996 empecé a trabajar con un grupo muy pequeño para restaurar el templo del santuario de Atotonilco. También, formo parte del grupo de Va por San Miguel. Estamos tratando de preservar todos los aspectos culturales del pueblo.

Todavía paso mis días trabajando en bienes raíces. No estoy pensando en retirarme pronto. Me encanta lo que hago.

Nota de la Autora:
Dotty fue fiel a sus palabras. Ella murió a la edad de 87, mientras todavía seguía yendo a la oficina cada día.

I still spend my days working in real estate and I'm not even thinking about retiring. I love what I do.

Author's note:

Dotty was true to her word. She died at the age of 87, while still going to the office every day.

Dotty Vidargas with Dot Turner and Esperanza Beltrán on the back patio of the Instituto Allende circa 1950.

Notes

1. Maximiliano was the archduke of Austria and the brother of Emperor Franz Josef. He became the emperor of Mexico in 1863 as part of a scheme between conservative Mexicans, who wanted to overturn the liberal government of President Benito Juárez, and the French emperor Napoleon III, who wanted to collect a debt from Mexico. In 1866, Napoleon withdrew his troops; however, Maximiliano refused to abdicate, feeling that he could not desert "his people." He was executed outside Querétaro in 1867.

2. The Cristero War, or Cristíada, was an armed conflict from 1926 to 1929 between the government of Plutarco Elías Calles and the militia of religious Catholics who resisted the legislation and public policies that restricted the power of the Catholic Church. When it hit hard in San Miguel, the Catholic Church went underground.

3. The Islas Marías Penal Colony is a Mexican federal prison located off the coast of Nayarit. It was built in 1905, under the government of Porfirio Díaz, and still operates today.

4. San Juan de Ulúa is a small island overlooking the port of Veracruz and the site of a fort built by the Spanish in 1519. In the 19th century, the fort was converted into a prison. It was considered one of the most frightful places in the country. Today it's a museum.

5. El Portón was the entrance to the orchards that began at the end of Hidalgo. They removed it sometime in the 19th century, but the name lives on.

6. José Mojica was a Mexican singer and actor who sang with the Chicago Civic Opera as well as starred in many Hollywood films in the early 1930s. Returning to Mexico in 1935, he became enchanted with San Miguel and soon bought an abandoned 17th century estate next to Juárez Park. He christened it the Antigua Villa Santa Mónica after Santa Monica, California—his other home.

Notas

1. Maximiliano era archiduque de Austria y hermano del Emperador Francisco José. Él se convirtió en emperador de México en 1863 como resultado de un complot entre los conservadores mexicanos, que querían derrocar al gobierno liberal del Presidente Benito Juárez, y el emperador francés Napoleón III, quien quería cobrar una deuda de México. En 1866, Napoleón retiró sus tropas; sin embargo, Maximiliano se negó a abdicar, alegando que no podía defraudar a "su pueblo". Fue fusilado a las afueras de Querétaro en 1867.

2. La Guerra Cristera, o Cristíada, fue un conflicto armado que duró de 1926 a 1929, entre el gobierno de Plutarco Elías Calles y milicias de religiosos católicos que resintieron la aplicación de leyes y políticas públicas orientadas a restringir la autonomía de la Iglesia Católica. Cuando el conflicto afectó duramente a San Miguel, la Iglesia Católica pasó a la clandestinidad.

3. La Casa Penal Islas Marías, situada frente a las costas de Nayarit, es un establecimiento penitenciario del Gobierno Federal de México. Fue creado en 1905 por Porfirio Díaz y actualmente todavía está en funciones.

4. San Juan de Ulúa es una pequeña isla frente al puerto de Veracruz en la que se ubica una fortaleza construida por los españoles en 1519. En el siglo XIX se convirtió en una penitenciaría y uno de los lugares más temidos del país. Hoy en día es un museo.

5. El Portón era una entrada hacia las huertas que empezaban al final de la calle de Hidalgo. Lo quitaron en el siglo XIX, pero el nombre sobrevive.

6. José Mojica fue un cantante y actor mexicano que interpretó con *The Chicago Civic Opera* y apareció en muchas películas de Hollywood a principios de los 30's. A su regreso a México, en 1935, quedó fascinado con San Miguel y poco después adquirió una propiedad aban-

During the next few years, Mojica restored the property as well as entertained famous visitors, including Maria Félix, Dolores del Rio, Gary Cooper, John Ford, John Huston, and Agustín Lara. Mojica's hospitality put San Miguel on the map again.

In 1942, devastated by his mother's death, Mojica gave up his career and joined the Franciscan Order in Peru. Returning to San Miguel on a trip in 1950, he founded the Santuario Hogar Guadalupano Mexiquito—a home for abandoned, mistreated, and orphaned boys, which still exists today. Mojica eventually wrote a book about his life—"I, a Sinner," which was made into a film in 1959. He died in Peru at the age of 79.

7. Stirling Dickinson arrived in San Miguel in 1937 as the guest of singer José Mojica. Debarking from a train, the 27-year old from Chicago was mesmerized by the small mountaintop town and quickly decided to call it home.

   Soon afterwards, Felipe Cossío del Pomar, who was putting the finishing touches of his Fine Arts University (*La Escuela Universitaria de Bellas Artes*), invited him to become the director. When the war started, Dickinson left to serve with U.S. Naval Intelligence. Returning to San Miguel, he recruited hundreds of young American veterans to study at Bellas Artes on the G.I. Bill, forever changing the course of the town.

   Dickinson moved to the Instituto Allende when it opened in 1950 and worked endlessly promoting San Miguel until he retired in 1983. Through the years he used his family fortune to help the community, developing many of the towns' programs, which are still in existence today. Dickinson passed away in 1998, having lived in San Miguel for over 60 years. His life is documented in the book, "Model American Abroad," by John Virture, 2008.

8. The Fábrica La Aurora, a textile factory that converted cotton into *manta* (a pre-Hispanic cloth), opened in 1902 and soon became San Miguel's largest employer. It offered good pay, company housing, and benefits. It reached its peak production in the early '60s, employing hundreds of locals in shifts that ran around the clock. By the '80s dwindling production, mostly caused by new technology,

donada del siglo XVII junto al Parque Juárez, a la que le dio el nombre de Antigua Villa Santa Mónica, mismo que tenía su otra casa en Santa Mónica, California.

Durante los siguientes años, Mojica restauró la propiedad y recibió a personajes famosos como María Félix, Dolores Del Río, Gary Cooper, John Ford, John Huston y Agustín Lara. La hospitalidad de Mojica hizo que San Miguel brillara de nuevo en el mapa.

En 1942, destrozado por la muerte de su madre, Mojica renunció a su carrera y entró a la Orden Franciscana en Perú. Al volver de visita a San Miguel en 1950, fundó el Santuario Hogar Guadalupano Mexiquito—un hospicio para niños abandonados, maltratados y huérfanos, que hasta la fecha existe. Eventualmente, Mojica escribió un libro sobre su vida—"Yo, Pecador", que fue adaptado para el cine en 1959. Murió en Perú a la edad de 79 años.

7. Stirling Dickinson llegó a San Miguel en 1937 por sugerencia del cantante José Mojica. Al bajar del tren, el joven de veintisiete años proveniente de Chicago, quedó fascinado por el pueblito montañoso e inmediatamente decidió que sería su hogar.

    Poco después, Felipe Cossío del Pomar, que le estaba dando los toques finales a su Escuela Universitaria de Bellas Artes, lo invitó a que fungiera como director. Cuando comenzó la guerra, Dickinson volvió a su país para enrolarse en el Servicio de Inteligencia de la Marina. A su regreso a San Miguel, reclutó cientos de jóvenes veteranos estadounidenses para que estudiaran en Bellas Artes a través del *G.I. Bill*, lo cual cambió para siempre la suerte del pueblo.

    Dickinson se cambió al Instituto Allende cuando éste se inauguró en 1950 y trabajó incansablemente promocionando a San Miguel hasta que se jubiló en 1983. A través de los años, él destinó la fortuna de su familia a ayudar a la comunidad, desarrollando muchos de los programas sociales que a la fecha todavía existen. Dickinson falleció en 1998, después de haber residido en San Miguel por más de sesenta años. Su vida está documentada en el libro *Model American Abroad* escrito por John Virture, 2008.

8. La Fábrica La Aurora, dedicada a hacer manta a partir del algodón, se inauguró en 1902 y muy pronto llegó a ser la principal fuente de empleo en San Miguel. Ofrecía buenos salarios, alojamiento y otros

forced the factory to close its doors. In 2004, the space re-opened as a cultural arts and design center.

9. The G.I. Bill was a law created in 1944 to benefit American soldiers who fought in the Second World War. The bill provided a comprehensive package of benefits, including tuition for higher education.

10. Not everyone in San Miguel was happy with the arrival of the G.I.s. According to historian Lisa Pinley Covert, parish priest José Mercadillo preached of their "immoral behavior." Supporting Mercadillo, El Quijote, a local paper, denounced foreigners, claiming "students have turned our town upside down" and that San Miguel had become the "backdrop for their scandalous vices, passions, and crimes." The paper also admonished "their insolent disregard for decent dress" and "their scandalous excesses in the use of alcohol and drugs, and their repugnant abnormality in their sex relations." Twenty years later Mercadillo initiated English language services to reach out to foreigners.

11. Felipe Cossío del Pomar was a Peruvian writer and artist who studied painting in Paris and socialized with Picasso, Chagall, and Matisse. In 1927, during a trip to Mexico, he became enchanted with the picturesque village of San Miguel de Allende and promised to return.

    Heading back to Peru, Cossío del Pomar immersed himself in politics only to be blacklisted for his activities. He chose exile instead of jail and returned to Mexico in 1937 where he became friends with Diego Rivera and José Mojica. As a guest of Mojica's, Cossío del Pomar decided that San Miguel was the perfect place to open an art school—his dream was to start a Mexican Bauhaus. With his connections, and the help of then-president Lázaro Cárdenas, he obtained the former convent of Las Monjas, originally built for the daughter of the Conde de la Canal. He founded La Escuela de Bellas Artes in 1938.

    The Mexican government did not provide funding for the project, so according to legend, Cossío del Pomar sold two of his paintings by Paul Gauguin (a distant relative) to help with financing. Stirling Dickinson entered the fold as associate director, and many promi-

beneficios. A principios de los 60's alcanzó la cima de su producción, empleando a cientos de locales en turnos continuos las 24 horas del día. Para los 80's, los altibajos en su producción causados principalmente por las nuevas tecnologías, obligaron al cierre de la fábrica. En 2004, el espacio fue reabierto como un centro cultural de arte y diseño.

9. El *G.I. Bill* fue una ley creada en 1944 para beneficiar a los soldados estadounidenses que habían combatido en la Segunda Guerra Mundial. Esta ley proporcionaba un amplio paquete de prestaciones que incluían la colegiatura para educación superior.

10. No todos los habitantes de San Miguel estuvieron contentos con la llegada de los beneficiarios del Programa del *G.I. Bill* . Según la historiadora Lisa Pinley Covert el cura José Mercadillo se refirió en sus sermones al "comportamiento inmoral" de los estudiantes extranjeros. En apoyo a Mercadillo, el periódico local El Quijote denunció que éstos "habían volteado el pueblo de cabeza", convirtiendo a San Miguel en "un escenario para sus escandalosos vicios, pasiones y delitos". El diario también criticaba "su insolente menosprecio por la decencia en el vestir" así como "sus escandalosos excesos en el consumo de alcohol y drogas y su repugnante anormalidad en sus relaciones sexuales". Veinte años después, Mercadillo comenzó a ofrecer servicios en el idioma inglés a fin de acercarse a la comunidad extranjera.

11. Felipe Cossío del Pomar fue un artista y escritor peruano que estudió pintura en París en donde conoció a Picasso, Chagall y Matisse. En 1927, durante un viaje a México, quedó encantado con el pintoresco pueblo de San Miguel de Allende y se prometió que alguna vez regresaría.

Al regresar a Perú, se involucró en la política sólo para ser incluido en la lista negra por sus actividades. Ante la alternativa de la cárcel, él optó por el exilio y regresó a México en 1937. Se hizo amigo de Diego Rivera y de José Mojica. Siendo huésped de Mojica, decidió que San Miguel era el lugar perfecto para abrir una escuela de arte—su sueño era crear una Bauhaus mexicana. Gracias a sus contactos y a la ayuda del entonces presidente Lázaro Cárdenas, obtuvo

nent Mexican artists came to San Miguel to teach. He sold the school to Alfred Campanella in 1945.

Cossío del Pomar returned for a few years in 1950. Upset that Campanella had run his school into the ground, he helped with the opening of the Instituto Allende. Leaving Mexico, Cossío del Pomar wandered through Europe and South America for most of his life, eventually returning to Peru where he died in 1981. His book, "Cossío del Pomar en San Miguel de Allende," details his life here.

12. An *ejido* is a tract of land held in common by the inhabitants of a village. It can be farmed cooperatively or individually.

el antiguo convento de Las Monjas, construido originalmente para la hija del Conde de la Canal. Y ahí, en 1938, fundó la Escuela de Bellas Artes.

El gobierno mexicano no le proporcionó fondos para el proyecto, así que según la leyenda, Cossío del Pomar vendió dos de sus pinturas de Paul Gauguin (un pariente lejano) para contribuir al financiamiento. Stirling Dickinson se incorporó al proyecto como director asociado y muchos prominentes artistas mexicanos vinieron a San Miguel para enseñar. En 1945, Cossío le vendió la escuela a Alfred Campanella.

Cossío del Pomar regresó en 1950. Disgustado que Campanella haya dejado decaer su escuela, ayudó con la fundación del Instituto Allende. Al partir de México, Cossío del Pomar pasó el resto de su vida recorriendo Europa y Sudamérica y regresó eventualmente a Perú en donde murió en 1981. Su libro "Cossío del Pomar en San Miguel de Allende", narra los detalles de su vida aquí.

12. Un ejido es una extensión de tierra poseída en común por los habitantes de un poblado que puede cultivarse ya sea en forma cooperativa o individual.

About the Author

Kris Rudolph arrived to San Miguel in 1991 and soon opened El Buen Café, which is now one of the town's oldest restaurants. She also runs La Cocina cooking school as well as her culinary tour company—Delicious Expeditions. Kris has written three cookbooks: *Recipes and Secrets from El Buen Café, Mexican Light,* and *Savoring San Miguel.*

Kris has spent years engaging with her customers, listening to their stories and learning about the once tiny Mexican town that she calls home. This book is dedicated to all the people that passed through her door and their memories of a bygone era.

Sobre la Autora

Kris Rudolph llegó a San Miguel en 1991 y muy pronto abrió El Buen Café, que es ahora uno de los restaurantes más antiguos de la ciudad. Ella es la directora de la escuela La Cocina y de *Delicious Expeditions,* su agencia de recorridos culinarios. Kris ha escrito tres libros de cocina: *Recetas y Secretos de El Buen Café, Cocina Mexicana Ligera* y *Paladeando San Miguel.*

Kris lleva años conviviendo con sus clientes, escuchando sus historias y aprendiendo sobre el diminuto pueblo mexicano de antaño al que ella considera su hogar. Este libro está dedicado a todos aquéllos que atravesaron su puerta con sus recuerdos de una época pasada.